AI 협상 에이전트

인공지능총서

인공지능 시대입니다. 기계가 인간의 인지를 대신하고, 사물이 인간을 통하지 않고 다른 사물과 직접 커뮤니케이션합니다. 이에 따른 인간 삶과 문명 변화를 정확히 이해·예측·대응하는 것은 이 시대 우리 모두의 과제입니다. 인공지능총서는 인공지능 기술과 환경의 여러 주제를 10가지 키워드로 정리합니다. 관련 개념과 이론, 학계와 산업계의 쟁점, 우리 일상의 변화를 다룹니다. 인간과 기술의 현재, 미래를 세심히 분석합니다.

일러두기

- 인명, 작품명, 저서명, 개념어 등은 한글과 함께 괄호 안에 해당 국가의 원어를 병기했습니다.
- 외래어 표기는 현행 어문규정의 외래어표기법을 따랐습니다. 다만 '솔루션'은 관행을 따랐습니다.

처음이세요?

전문가세요?

AI 협상 에이전트

윤경모

대한민국, 서울, 커뮤니케이션북스, 2025

AI 협상 에이전트

지은이 윤경모
펴낸이 박영률

초판 1쇄 펴낸날 2025년 7월 14일

커뮤니케이션북스(주)
출판 등록 2007년 8월 17일 제313-2007-000166호
02880 서울시 성북구 성북로 5-11
전화(02) 7474 001, 팩스(02) 736 5047
commbooks@commbooks.com
www.commbooks.com

ISBN 979-11-430-0580-9 03500

책값은 뒤표지에 표시되어 있습니다.

차례

AI로 새롭게 만나는 협상의 시대

협상 패러다임의 전환

협상은 역사적으로 상호 이익과 신뢰 구축을 통해 공동 목표를 실현하는 중요한 수단이었다. 전통적 협상은 주로 협상자의 경험과 직관에 의존해 진행되었고, 상대의 표정이나 말투 같은 미세한 신호를 읽어 의도와 요구를 파악하며 대응했다(Fisher et al., 2011). 그러나 이러한 방식은 주관적 판단에 크게 좌우되어 협상 결과의 일관성을 담보하기 어려웠으며, 데이터나 객관적 지표보다 개인 경험과 감정적 판단이 우선시되는 한계를 보였다.

최근 디지털 전환으로 방대한 데이터가 축적되고 AI 기술이 협상에 도입되면서, 협상 방식은 근본적인 변화를 맞이하고 있다(Voeth et al., 2023). 데이터를 활용한 협상은 시장 동향 및 협상 상대방(이하 사용자로 통칭) 정보 등을 면밀히 분석하고, 협상 전 과정을 객관적 기준에 따라 전략화하는 것을 의미한다. 협상자는 데이터 분석에 기반해 상대의 요구를 정확히 파악하고, 더 효과적이고 투명한 합의를 이끌어 낼 수 있게 된다.

AI 기술의 도입은 이러한 데이터 활용의 효율성과 정확성을 극대화하는 전환점이 되고 있다. 인간이 다루기 어려운 방대한 데이터를 AI가 신속 · 정밀하게 분석해서 상대의 성향과 과거 협상 이력, 시장 상황 등 협상 관련 변수를 실시간 처리한다. 특히 AI는 협상 중 발생하는 미세한 신호까지 정확히 포착해 상대의 심리와 전략적 의도를 분석하고, 최적의 대응 전략을 실시간으로 제안할 수 있다.

이러한 변화는 협상의 본질적 가치를 더욱 도드라지게 한다. AI와 데이터를 활용한 협상은 결과를 객관적이고 투명하게 만들어 불필요한 감정적 마찰이나 오해를 줄이고, 모든 당사자에게 공정하고 합리적인 결과를 보장한다. 또한 협상자들은 AI 기술을 활용해 보다 일관되고 지속 가능한 성과를 얻을 수 있으며, 이를 통해 장기적 신뢰 관계와 지속 가능한 협력 관계를 구축하는 협상의 본질적 목표를 달성할 수 있다.

데이터로 시장을 읽다

현대 비즈니스 환경에서 시장은 매우 빠르게 변화하며, 협상에서 성공하려면 이러한 변화를 정확히 예측하고 신속히 대응하는 능력이 필수적이다(Lewicki et al., 2024).

오늘날에는 객관적인 데이터를 기반으로 시장 상황을 분석하고 협상 전략을 수립하는 방식으로 진화하고 있다. 데이터를 적극 활용하는 협상 접근법은 협상자가 다양한 변수를 객관적이고 명확하게 분석할 수 있게 한다. 예컨대 고객의 구매 패턴, 가격 민감도, 경쟁사의 전략, 시장 트렌드 변화 등이 모두 데이터화되어 협상자가 빠르게 접근 · 활용할 수 있는 형태로 제공된다. 이로써 데이터에서 도출된 명확한 기준과 전략을 바탕으로 협상을 이끌 수 있게 된다.

데이터를 효과적으로 활용하려면 우선 신뢰할 만한 데이터를 수집하고 체계적으로 분석해야 한다. 협상 과정의 모든 상호작용을 데이터로 기록 · 축적함으로써 협상 성공과 실패 요인을 명확히 분석할 필요가 있다.

둘째로, 데이터는 협상 전략의 개인화와 맞춤화를 가능하게 한다. 사용자의 특성, 과거 행동 패턴, 선호도 등의 데이터를 활용해 개별 상대에 최적화된 협상 접근법을 마련할 수 있다. 예컨대 이전 거래 관계에서 사용자가 품질과 납기에 문제가 있었다면, 이러한 정보를 토대로 해당 상대에게는 품질과 납기 문제를 협상 카드로 활용해 가격 양보를 강조하는 전략이 효과적일 수 있다.

셋째, 데이터 분석을 통해 협상에서 발생할 수 있는 위험과 기회를 더 명확히 예측 · 대응할 수 있다. 과거 협상 데이터를 분석하면 협상 실패를 야기한 특정 조건이나 전략을 파악할 수 있기 때문에 미리 대비하거나 회피할 수 있다. 동시에 데이터 분석은 협상 중 새롭게 나타날 수 있는 기회를 사전에 포착하고 적극 활용할 수 있게 해 준다.

마지막으로, 데이터 활용은 협상 과정의 투명성과 공정성을 높인다. 객관적 데이터 분석 결과를 근거로 협상하면 당사자 모두 협상 결과를 명확한 근거에 기반해 이해하고 수용하기 쉬워진다. 이는 상호 신뢰를 강화하고 장기적 협력 관계에도 긍정적 영향을 준다. 결국 협상에서 데이터를 적극 활용하는 접근은 이제 선택이 아닌 필수다. 정확하고 신속한 데이터 분석과 전략적 활용을 통해 협상자들은 급변하는 시장에 효과적으로 대응하고 경쟁력을 유지하며, 지속 가능한 협상 성과를 이끌어 낼 수 있다.

작은 데이터가 만드는 큰 혁신

가격 협상에서 데이터의 역할은 중요하지만, 현실적으로 충분한 협상 데이터를 확보하기가 쉽지 않다. 가격 협상은 기업의 기밀 정보와 밀접해 데이터 공유가 어렵고,

협상 사례 자체도 빈번히 축적되기 어렵기 때문이다. 이처럼 협상 데이터가 제한적이고 불균형한 상황에서, 어떻게 적은 데이터로 혁신을 만들어 낼 것인지가 전략적 과제로 떠오른다.

이 현실적 제약을 극복하는 효과적인 방법 중 하나가 패턴 기반 데이터 증강이다. 이는 소수의 실제 협상 사례에서 핵심 협상 패턴과 행동을 분석하고, 이를 활용해 가상 협상 데이터를 생성하는 기법이다(Li et al., 2021). 즉, 제한된 협상 데이터를 정밀 분석해 상대의 가격 민감도, 조건 수용 정도, 협상 진행 방식 등 주요 패턴을 식별한 뒤, 그 패턴들을 바탕으로 다양한 협상 시나리오를 인위적으로 만들어 내는 것이다.

패턴 기반 데이터 증강의 장점은 적은 협상 데이터로도 AI 모델의 성능을 빠르게 높일 수 있다는 것이다. 제한된 실제 데이터를 바탕으로 AI가 다양한 가상 협상 환경에서 반복 학습하면, 단기간에 협상 능력을 크게 향상할 수 있다. 또한 이렇게 생성된 가상 데이터는 실제 협상 데이터와 유사한 품질과 특성을 지니며, 현실적인 협상 시나리오와 대응 전략을 학습하는 데 유용하다.

결과적으로 협상 데이터 부족 문제를 해결하기 위해 패턴 기반 데이터 증강은 강력한 해법을 제공한다. AI 기술은 제한된 데이터를 최대한 전략적으로 활용해 다양한 협상 환경을 시뮬레이션 함으로써, 전략적 판단력과 협상 성공률을 지속적으로 향상할 수 있다. 앞으로 협상 전략 수립에서 이러한 데이터 증강 기법 활용은 필수적인 요소로 자리 잡을 것이다.

AI가 제시하는 협상 전략의 새 기준

최근 협상 분야에 AI 기술이 도입되면서 전통적 협상 방식에 근본적 변화가 일어나고 있다. 이전까지 협상은 협상자의 개인 역량이나 당일의 컨디션·감정 상태에 따라 성과가 좌우되는 경우가 많았다. 그러나 AI의 등장으로 협상 전략이 한층 객관적이고 과학적으로 변모하면서 협상의 새로운 기준이 만들어지고 있다.

AI가 협상 전략의 새 기준을 제시하는 가장 큰 의의는 데이터 기반의 명확한 의사결정을 가능하게 한다는 점이다. AI는 협상에 영향을 미치는 다양한 변수－협상 당사자의 성향, 과거 협상 이력, 시장 환경, 경쟁사 가격 등－를 정확히 분석해 협상자에게 최적화된 전략을 실시간으로 제공한다(Fu et al., 2023).

또 다른 기대 효과는 협상 과정의 효율성과 신속성이 크게 높아진다는 점이다. AI는 복잡하고 방대한 데이터를 신속히 처리해 상대의 반응 변화에 즉각 대응할 수 있는 전략을 도출한다. 그 결과 협상 과정의 불필요한 논쟁이나 시간 소모를 최소화하고, 더 빠르고 정확하게 협상 목표에 도달하도록 돕는다. AI는 또한 협상에서 발생하는 인간의 편향과 감정적 오류를 크게 줄여 준다. 협상 중 스트레스나 피로, 감정적 대응으로 판단이 흐려질 수 있지만, AI는 언제나 일관된 논리와 객관적 분석으로 전략을 유지·개선한다. 이는 협상 결과의 일관성을 높이고 장기적으로 안정적인 성과를 보장하는 데 기여한다.

아울러 AI의 전략과 결과는 명확한 데이터 분석과 논리에 근거하기 때문에, 협상 당사자들이 제안된 조건과 결과를 쉽게 이해하고 신뢰할 수 있다. 이를 통해 협상 중 오해나 갈등 가능성이 줄고, 당사자 간 장기적 협력 관계 구축에도 긍정적 영향을 미친다.

이처럼 AI 도입은 단순한 기술 혁신을 넘어, 협상의 본질을 유지하면서도 정확성·효율성·객관성·공정성을 높이는 획기적 변화로 자리 잡았다. 앞으로 협상 분야에서 AI의 전략적 활용은 필수 요소가 될 것이며, 기업은 이를 적극 수용·활용해 지속 가능한 성공과 경쟁 우위를 확보해야 한다. AI가 제시하는 새로운 협상 전략 기준은 협상의 미래를 이끌 핵심으로 부상하고 있다.

심리학과 AI의 전략적 만남

협상은 본질적으로 인간의 심리적 요인을 깊이 고려해야 하는 활동이다. 상대의 심리 상태, 기대치, 감정적 반응을 이해하고 효과적으로 대응하는 능력이 협상 성과를 좌우한다(Cialdini, 2006). AI 기술 발전으로 심리학적 접근이 결합된 더욱 정교한 전략이 등장하고 있다.

AI와 심리학의 결합은 협상에서 한층 깊이 있는 전략적 접근을 가능케 한다(Thompson, 2019). AI는 협상 중 발생하는 다양한 심리 신호와 반응을 신속·정확하게 분석하는 능력을 갖췄다. 예컨대 상대의 언어 표현, 반응 속도, 제안 조건 변화를 통해 상대의 심리 상태와 의도를 실시간으로 파악할 수 있다. 이를 통해 상대의 심리를 정확히 읽어 내어 그에 맞는 전략을 전개할 수 있게 된다.

심리학을 활용한 AI 협상 전략의 대표적 예는 가격 설정과 제안에 나타난다. 상대가 특정 가격에 보이는 심리적 저항감을 AI가 정밀 파악하면 가격 제안을 더 전략적으로 조정하거나 대체 조건을 제시할 수 있다. 또한 상대가 느끼는 긴장감이나 압박감을 효과적으로 완화함으로써 협상 과정을 부드럽게 이끌 수도 있다.

AI는 상대의 성향을 심리 분석을 통해 정밀 파악하는

데도 기여한다. 상대가 논리적 · 분석적 성향인지, 감정적 · 관계 중심 성향인지에 따라 협상 시 사용하는 언어나 전략이 크게 달라지기 때문이다. AI는 상대의 과거 협상 데이터를 토대로 성향을 분석하고, 그에 맞춘 맞춤형 협상 전략을 제공한다.

더불어 AI는 협상자가 범할 수 있는 감정적 편향이나 오류를 최소화하는 데 효과적이다. 인간 협상자는 감정적 압박이나 피로로 비효율적 판단을 할 수 있지만, AI는 항상 데이터와 객관적 분석에 기반해 합리적이고 일관된 전략을 유지한다. 이는 협상 과정에서 실수를 줄이고 안정적인 성과 관리를 가능하게 한다.

심리학과 AI의 전략적 결합은 협상에서 상대의 심리를 보다 정확히 이해하고 효과적으로 대응할 수 있게 해주는 혁신적 접근이다. 향후 협상 전략에서 AI와 심리학의 결합은 필수 요소로 자리 잡을 것이며, 구매 및 유통 전문 기업들은 이를 적극 활용해 경쟁력을 강화하고 협상 성과를 극대화할 수 있을 것이다.

사용자 경험 중심의 협상 혁신

AI 기술이 발전해도, 궁극적인 성공은 사용자가 이를 얼마나 편리하게 활용하고 만족스러운 경험을 얻느냐에

달려 있다(Shneiderman, 2022). 사용자 경험(UI/UX)은 시스템이 사용자에게 제공하는 전체 상호작용의 질을 의미하며, 협상 시스템(이하 AI 협상 에이전트로 통칭)의 성공을 좌우하는 핵심 요소가 되었다.

협상은 긴장감이 높고 즉각적인 판단을 요구하는 상황이 많기에, 사용자가 시스템에서 원하는 정보와 기능을 신속히 찾고 쉽게 이해할 수 있어야 한다. 만약 인터페이스가 복잡하거나 직관적이지 못하면 사용자는 협상을 진행하는 과정에 애를 먹고, 이는 협상 효율과 성과에 부정적 영향을 줄 수 있다.

사용자 중심적 설계의 핵심은 별도 학습 없이도 시스템을 쉽게 이해하고 즉시 활용할 수 있는 직관적인 UI를 제공하는 것이다. 이는 개발 초기부터 사용자의 요구와 기대를 충분히 파악하고, 이를 토대로 설계·개발함으로써 가능하다. 그렇게 해야 사용자가 시스템을 사용하면서 불필요한 혼란이나 스트레스 없이 곧바로 필요한 정보에 접근하고 협상이 원활히 진행될 수 있다.

특히 협상 과정에서는 정보의 시각화가 중요하다. 사용자가 제시한 가격이 목표가 대비 어느 정도 위치에 있는지 등 정보를 한눈에 파악할 수 있도록 그래프나 게이지 등의 시각적 도구로 보여 주는 것이 필수적이다. 예를 들어 협상 성공률 인디케이터를 통해 사용자의 유리함을 색상과 수치로 표시하면, 현재 상황을 직관적으로 이해하고 즉각 가격 수정 등 대응책에 집중할 수 있다.

마지막으로, 직관적 UI는 협상 과정에서 실시간 피드백을 효과적으로 제공해 사용자의 심리적 안정감을 높일 수 있다. 협상 가격을 입력하면 AI 협상 에이전트가 즉시 그 결과를 분석해 시각적으로 보여 줌으로써, 사용자는 가격 전략의 효과를 바로 확인하고, 필요하면 신속히 수정할 수 있다. 이 과정에서 사용자와 AI 협상 에이전트 간 원활한 소통이 이뤄지고, 시스템에 대한 신뢰와 만족감을 갖게 된다.

결국 사용자 경험 중심 디자인은 AI 협상 에이전트의 사용자와 효과적으로 소통하고 협상 전략을 성공적으로 이끌게 하는 결정적 요소다. 직관적이고 편리한 인터페이스는 사용자의 심리적 부담을 줄이고 협상 과정의 효율성을 극대화해, 기술과 사람이 함께 만들어 가는 협상 혁신을 실현한다.

SaaS 협상 모델의 가능성

디지털 전환과 함께 많은 기업이 AI 협상 에이전트 구축 · 운영에 큰 관심을 갖고 있다. 그러나 자체 시스템을 개발 · 운영하려면 높은 초기 비용과 시간이 들고, 인프라 구축 · 관리에 지속적 투자와 노력이 필요하다. 이 점에서 클라우드 기반 SaaS(Software as a Service) 모델은 AI 협상 에이전트를 쉽고 경제적으로 구축 · 운영하고, 협상 서비스의 상업적 확장성을 높이는 효과적인 방법으로 주목받고 있다(Barr, 2025).

SaaS 기반 AI 협상 에이전트의 가장 큰 장점은 빠른 도입과 낮은 초기 비용이다. 기존 온프레미스(On-Premise) 구축은 막대한 시간 · 자본이 들지만, SaaS는 클라우드 기반 서비스라 별도 서버나 복잡한 인프라 없이 웹 브라우저나 앱으로 쉽게 이용할 수 있다. 이는 특히 자원과 역량이 제한된 중소기업이나 스타트업이 빠르게 협상 역량을 확보하는 데 유용하다.

또한 SaaS 구독 모델은 사용 기업의 다양한 요구와 환경에 따라 서비스를 유연하게 확장 · 축소할 수 있는 확장성을 제공한다. 필요에 따라 AI 협상 에이전트의 기능과 용량을 손쉽게 조정하고, 사용량 기반 요금 체계로 비용 효율을 극대화할 수 있다. 이러한 유연성은 시장 환경 변화에 신속 대응할 수 있는 역량을 기업에 부여하며, 시스템 운영의 효율성과 경제성을 동시에 확보하게 한다.

SaaS 환경에서는 서비스 공급자가 지속적인 업데이트

와 개선을 통해 고객에게 높은 가치를 제공할 수 있다. 클라우드상에서 공급자는 고객 사용 데이터를 실시간 수집 · 분석해 문제를 신속 파악 · 개선할 수 있고, 이는 고객의 지속적 서비스 이용과 만족도 향상으로 이어진다. 특히 AI 협상 에이전트는 협상 데이터를 꾸준히 학습해 성능과 정확성을 높일 수 있어, 시간이 지날수록 더욱 정교한 협상 전략을 제공하게 된다.

상업적 관점에서 SaaS 모델의 확장성은 서비스 제공자의 시장 접근성을 크게 높인다. 클라우드 기반 SaaS 서비스는 전 세계 어디서나 즉시 접근 가능하므로, 서비스 공급자가 글로벌 시장으로 빠르게 진출 · 확장할 수 있는 기반이 된다. 또한 SaaS는 글로벌 시장에서 고객 관리와 서비스 제공 비용을 낮춰, 협상 서비스 공급자의 수익성과 경쟁력을 높이는 핵심 역할을 한다.

문화적 차이를 넘어서는 글로벌 협상 전략

글로벌 시장에서 성공적으로 AI 협상 에이전트를 공급하려면 문화적 특성에 맞는 현지화 접근이 필수적이다. 국가 · 지역마다 독특한 문화 배경과 비즈니스 관행이 존재하기에, 이를 정확히 이해 · 반영한 협상 전략 수립이 성과를 좌우한다. 서구권은 직접적이고 명료한 소통을 선호하는 반면, 아시아권은 간접적이고 관계 중심적 협상이 효과적이라는 문화 차이가 좋은 예다(Ghemawat, 2001). 이러한 차이를 인식하지 못하고 획일적 협상 방식을 적용하면 오해와 갈등을 초래하기 쉽다.

그러나 문화 특성에 맞춘 현지화 전략만으로 글로벌 협상의 모든 문제를 해결하기 어렵다. 특히 여러 국가에 동시에 진출하는 경우 협상 복잡성과 비용이 크게 증가할 수 있다. 이를 극복하기 위한 전략이 협상 시나리오의 단순화와 표준화다. 협상 시나리오를 표준화하면, 글로벌 시장에서 발생하는 복잡성과 불확실성을 크게 줄여 보다 효율적으로 협상 역량을 발휘할 수 있다.

표준화된 협상 시나리오는 진입 장벽을 낮춘다. 기업은 기본 조건과 협상 방식을 표준화해 일관된 협상 프로세스를 구축함으로써, 여러 시장에서 동시에 효과적으로 협상할 수 있다. 예를 들어 가격 책정 기준, 계약 조건, 초기 제안 방식 등을 사전에 표준화하면 시장별 협상에서의 혼선과 비용을 최소화할 수 있다.

또한 협상 시나리오를 단순화하면, 협상에 참여하는 모든 이해관계자가 협상 목표와 전략을 더 명확히 이해할 수 있다. 프로세스가 간결하고 명료하면 현지 파트너와 고객도 협상 조건을 빠르게 이해·수용할 가능성이 높아진다. 이는 협상 중 신뢰를 높이고, 더 효과적인 협상 결과 달성에 기여한다.

물론 표준화된 접근과 함께 문화적 예민성도 유지해야 한다. 일괄된 협상 프로세스 하에서도 각 지역의 문화적 커뮤니케이션 방식과 에티켓은 존중되어야 한다. 이를 위해 표준화된 틀 안에 지역별 미세 조정을 허용하는 유연성이 필요하다. 결국 글로벌 협상 전략은 표준화된 원칙과 현지화된 실행의 균형을 찾는 통합적 접근이 요구된다. 이를 통해 기업은 문화적 차이를 넘어 전 세계에서 일관되면서도 효과적인 협상을 전개할 수 있다.

윤리적 협상의 필수 조건

AI 기술이 협상 과정에 본격 도입되면서 효율성과 정확성은 크게 향상되었지만, 동시에 새로운 윤리적 문제와 책임의 중요성이 부각되고 있다. AI가 협상에서 자율적 의사결정을 내리고 전략을 제안하는 상황에서, 공정성, 투명성, 책임성 등의 윤리 원칙을 명확히 설정하고 준수하는 것이 필수적이다.

협상에서 윤리 기준을 지키는 것은 장기적 신뢰 관계와 지속 가능한 협력을 유지하는 핵심 요소다. AI 협상 에이전트가 객관적이고 공정한 데이터에 기반하지 않고 편향된 알고리즘을 사용하면 협상 결과가 특정 집단이나 개인에게 불리하게 작용할 수 있다. 따라서 시스템을 개발·운영할 때 편향된 데이터나 알고리즘상의 편견을 철저히 배제하고, 모든 협상 당사자에게 동등한 기회와 공정한 결과를 제공할 수 있는 공정한 설계가 핵심이다(Wallach & Allen, 2009).

AI 협상 에이전트의 투명성도 윤리적 운영의 중요한 기준이다. 사용자는 AI가 제안한 조건과 전략의 근거를 명확히 이해할 수 있어야 하며, 협상 과정에서 사용된 데이터 등에 대해 설명을 들을 수 있어야 한다. 이를 통해 사용자들이 AI 협상 에이전트를 신뢰하고 협상 결과를 납득하도록 도울 수 있다.

책임성은 AI 협상 에이전트가 협상 과정과 결과에 대해 분명한 책임 소재를 갖추는 것을 의미한다. 협상 중 AI의 오류나 예기치 못한 결과로 문제가 발생할 경우, 누가 어떻게 책임을 질 것인지 명확해야 한다. 문제가 생겼을 때 신속히 대응하고 수정하며, 재발 방지책을 마련하는 프로세스도 준비되어야 한다.

AI 협상 에이전트에서 개인정보 보호 역시 매우 중요한 윤리 기준이다. 협상 과정에서 민감한 정보가 다수 처리되므로, 사용자의 정보가 외부로 유출되거나 악용되지 않도록 강력한 보안 장치와 프라이버시 정책이 요구된다. AI 협상 에이전트는 협상에 필요한 최소한의 정보만 활용하고, 사용자 프라이버시와 신뢰를 보호해야 한다.

윤리적 AI 협상의 원칙은 공정성, 투명성, 책임성, 정보 보호 등의 가치를 명확히 설정하고 지키는 것이다. 이러한 원칙을 준수하는 AI 협상 에이전트만이 장기적으로 협상 참여자 간 신뢰와 협력을 높이고, 지속 가능한 성공과 사회적 책임을 실현하는 기반이 될 수 있다. 기업의 협상자들은 AI 협상 에이전트를 설계 · 활용할 때 이러한 윤리적 필수 조건들을 항상 고려해야 한다.

협상 전략의 미래, 통합적 접근

현대 협상 환경은 기술적 · 경제적 요인이 복합 작용해 더욱 복잡하고 다차원적으로 전개되고 있다. 이런 환경에서 지속 가능한 협상 전략 발전을 위해서는 인공지능(AI)과 데이터 분석을 통합한 포괄적이고 균형 잡힌 접근이 필수적이다.

AI 기술은 협상 전략에 완전히 새로운 가능성을 열어주었기 때문에, 객관적이고 과학적 분석으로 정교한 전략 수립이 가능해졌다. AI는 상대의 행동 패턴, 시장 변화, 과거 협상 사례 등 여러 변수를 신속 · 정확하게 분석해 최적의 협상 전략 도출을 돕는다.

데이터 분석도 협상 전략의 필수 요소로 자리 잡았다. 협상 과정에서 발생하는 다양한 데이터를 분석함으로써 협상 성과를 객관적으로 평가하고, 성공과 실패 원인을 명확히 규명할 수 있다. AI 협상 에이전트는 데이터를 통해 협상 조건, 상대의 민감도, 시장 동향을 정확하게 파악해 대응하며, 객관성과 신속성을 높여 협상 당사자 간 이해와 협력을 촉진한다.

AI와 데이터 기술을 결합한 통합적 협상 전략은 협상 역량을 지속 발전시키는 핵심이다. AI로 전략의 정확성과 효율성을 높이고, 데이터 분석으로 과정의 객관성과 신뢰성을 확보함으로써 기업은 변화하는 협상 환경에서도 경쟁 우위를 유지할 수 있다(Courtois & Lavadoux, 2024). 이러한 기술 혁신을 통한 통합 접근은 협상 중 다양한 도전 과제를 더 효과적으로 관리하게 한다. AI 에이전트를 운영하는 기업은 AI 기술을 적극 활용해 효율적이고 합리적인 협상을 이끌어 내고, 장기적으로 협상 성과를 극대화할 수 있다.

앞으로의 협상 전략은 AI와 데이터 기술의 효과적 통합을 중심으로 발전할 것이며, 이런 통합적 접근이 협상의 미래를 주도할 것이다.

참고문헌

Barr, A.(2025.4.24). AI is changing how software companies charge customers. Welcome to the pay-as-you-go future. *Business Insider,* https://www.businessinsider.com/saas-ai-changing-how-software-companies-charge-customers-2025-4

Cialdini, R. B.(2006). *Influence: The psychology of persuasion.* 개정판. Harper Business. 황혜숙 옮김(2013). 『설득의 심리학』. 21세기북스.

Courtois, P. & Lavadoux, F.(2024.5.31). Negotiating smarter: How AI might change the game. *EIPA*(European Institute of Public Administration), https://www.eipa.eu/blog/negotiating-smarter-how-ai-might-change-the-game/

Fisher, R. et al.(2011). *Getting to yes: Negotiating agreement without giving in.* Pengin Books.

Fu, Y. et al.(2023.5.17). Improving language model negotiation with self-play and in-context learning from AI feedback. *ArXiv,* https://arxiv.org/abs/2305.10142

Ghemawat, P.(2001.9). Distance still matters: The hard reality of global expansion. *Harvard business review,* https://hbr.org/2001/09/distance-still-matters-the-hard-reality-of-global-expansion

Lewicki, R. J. et al.(2024). *Essentials of negotiation.* McGraw Hill(1st. 2020).

Li, M. et al.(2021.7.3). A data-driven method for recognizing automated negotiation strategies. *ArXiv,* https://arxiv.org/abs/2107.01496

Shneiderman, B.(2022). *Human-Centered AI.* Oxford University Press.

Thompson, L. L.(2019). *The mind and heart of the negotiator.* Pearson.

Voeth, M. et al.(2023.6.30). Ethical issues of the use of artificial intelligence in purchasing negotiations. In *Springer fachmedien wiesbaden gmbH,* ein Teil von *Springer Nature* 2023, https://link.springer.com/chapter/10.1007/978-3-658-41815-1_24

Wallach, W. & Allen, C.(2009.1.1). *Moral machines: Teaching robots right from wrong.* Oxford academic, https://academic.oup.com/book/10768

01
협상의 본질과 진화

협상은 서로 다른 이해관계를 가진 당사자들이 합의를 통해 공통 목표를 찾는 과정이다. 역사적으로 협상은 신뢰와 상호 이익을 중심으로 발전해 왔다. 최근 데이터 분석과 AI 기술이 도입되면서 협상 전략이 더욱 정교해졌고, 공정성과 윤리적 접근이 협상의 핵심 가치로 부각되고 있다.

AI와 1인 창업?

협상의 역사와 현대적 가치

인류의 경제 활동이 시작된 이래 협상은 중요한 소통 방식으로 존재해 왔다. 역사적으로 협상은 개인이나 집단이 상충되는 이해관계를 조정하고 합의를 이끌어 내는 상호작용 과정이었다(Nierenberg, 1968). 고대에는 주로 물물교환 형태로 이뤄졌고, 상품 가치를 정하는 과정 자체가 협상의 출발점이었다. 시장이 형성되고 상업 교류가 확대되면서 협상은 가격과 조건을 결정하는 필수 수단이 되어 경제 발전에 중요한 역할을 했다.

근대로 들어와 국제 무역과 산업혁명이 진행되면서 협상은 더욱 체계적이고 전략적으로 발전했다. 20세기 이후 기업 간 거래 증가로 협상의 전략적 중요성은 한층 강조되었다. 협상자들은 상대의 심리와 행동 패턴을 분석해 활용하는 다양한 전략을 개발했고, 협상 능력은 기업 경쟁력의 핵심 요소로 자리 잡았다(Schelling, 1960).

협상의 근본적 의미는 상호 이익 창출과 관계 유지에 있다. 협상을 통해 쌍방의 가치를 균형 있게 반영하고 합리적인 가격과 조건을 도출함으로써, 모두 만족하는 거래를 성사시키는 것이 협상의 본질이다. 협상은 단순히 경제적 이득만을 추구하는 행위가 아니라, 상호 존중과 신뢰를 바탕으로 지속 가능한 관계를 구축하는 과정이

기도 하다.

최근 협상 환경은 디지털 기술과 AI 등장으로 다시 한 번 중대한 변화를 겪고 있다. 과거 직관과 경험에 의존하던 협상 전략이 데이터 기반 접근으로 전환되면서 협상 효율성과 정확성이 크게 향상되고 있다. 이제 협상자는 데이터를 바탕으로 시장 상황과 상대 성향을 분석해 최적 조건을 찾아가는 정교한 프로세스를 운용한다.

그러나 디지털 혁신과 기술 발전에도 협상의 본질적 목적은 변하지 않는다. 협상은 언제나 당사자들이 공정한 합의를 이루고 지속적 협력 관계를 유지하기 위한 상호작용 과정이다. 협상의 역사는 가격을 흥정하는 단순 행위를 넘어, 신뢰와 장기적 관계를 창출하는 지속적 가치 활동임을 증명해 왔다. 이러한 역사와 본질을 이해할 때, 우리는 협상을 더 깊이 있고 효과적으로 발전시킬 수 있을 것이다.

신뢰와 상호 이익의 균형

가격 협상의 목적은 단순히 경제적 이익 극대화를 넘어, 협상 당사자 간 신뢰 구축과 장기 관계 유지에 있다 (Fisher et al., 2011). 신뢰는 협상의 성패를 가르는 핵심 요소로, 당사자들이 서로의 의도와 제안을 진실되고 일관되게 받아들일 때 형성된다. 협상 과정에서 쌓인 신뢰는 향후 협상에도 긍정적 영향을 미쳐 지속 가능한 협력 관계로 이어진다.

신뢰를 확보하려면 투명성과 공정성을 지키는 것이 필수적이다(Lewicki et al., 2024). 정보 비대칭을 이용해 상대의 취약점을 지나치게 공략하거나 과도한 압박을 가하면, 일시적 이익은 얻을지 몰라도 장기적 관계 구축은 어려워진다. 따라서 협상자는 상대에게 제시하는 정보와 제안이 믿을 만하다는 확신을 주도록 정직하고 일관된 태도를 유지해야 한다.

협상에서 신뢰는 상호 이익 창출과 밀접히 연결된다. 쌍방이 협상을 통해 얻을 분명한 이익이 있을 때 신뢰도 형성되기 쉽다. 상호 이익이 균형 있게 제공되면, 당사자들은 신뢰를 바탕으로 더욱 적극적이고 개방적으로 협상에 임한다. 이는 궁극적으로 협상 결과를 개선하고, 이후의 협력 관계도 강화한다.

AI 시대에는 신뢰와 이익의 관계가 더욱 강조되고 있다. AI 협상 에이전트는 데이터 분석을 통해 협상 조건과 결과를 투명하고 객관적으로 제시할 수 있다. 명확한 근거에 기반한 AI의 협상 전략은 당사자들이 결과를 쉽게 납득 · 수용하도록 돕는다. 이 과정에서 상대는 AI가 제공하는 정보를 신뢰하게 되고, 협상은 더욱 공정하고 투명해진다.

협상의 진정한 성공은 단기 이익뿐 아니라 장기적 관계 형성에 있다. 따라서 협상자는 언제나 신뢰와 이익의 균형을 유지해야 한다. 서로가 신뢰할 수 있는 협상 환경을 조성하고, 결과가 쌍방 모두에게 명확한 이익으로 이어질 때 가격 협상은 최고의 성과를 낸다. AI 시대에도 신뢰와 이익이라는 본질적 가치는 변하지 않으며, 오히려 기술 발전과 함께 더욱 중요해지고 있다.

협상에서 윤리적 공정성

가격 협상은 본래 경제적 가치를 극대화하려는 과정이지만, 그 속에서 반드시 고려해야 할 핵심 원칙이 윤리적 접근이다(Voeth et al., 2023). 윤리적 접근이란 협상 과정과 결과가 공정하고 투명하며, 상대의 권리와 이익을 존중하는 방향으로 이뤄져야 함을 의미한다. 협상에서 윤리를 지키는 것은 단순한 도덕적 선택이 아닌 장기적인 신뢰 유지와 협력 관계를 지속하기 위한 필수 요소다.

가격 협상에서 윤리적 접근은 공정성으로부터 시작된다. 협상 과정에서 우월한 정보력을 이용해 상대의 불리한 상황을 착취하거나 상대의 정보 부족을 악용하는 행위는 비윤리적이다. 공정한 협상이란 상대에게 협상 조건과 관련된 핵심 정보를 투명하게 제공하고, 양측 모두 동등한 정보와 기회를 가지고 협상에 임하는 것이다.

AI와 데이터 분석이 협상에 적극 도입되면서 윤리적 접근의 중요성은 더욱 커졌다. 데이터 분석으로 파악한 상대의 가격 민감도나 심리적 약점을 지나치게 공략하면, 단기적 이익은 얻을지라도 장기적 신뢰와 협력은 깨질 수 있다. 따라서 AI 기반 협상 전략을 설계·적용할 때는 항상 윤리적 고려가 동반되어야 한다. AI가 협상 중 공정성을 유지하고, 데이터의 투명성과 설명 가능성을 보장하도록 설계하는 것이 중요하다.

또한 윤리적 접근은 협상 과정 전반에 걸쳐 구현되어야 한다. 상대를 존중하며, 과도한 감정 압박이나 불안감을 조장하지 않고, 인간적인 관계를 훼손하지 않는 배려가 필요하다. 이것이 장기적 협력 관계를 구축하고, 지속 가능한 협상 환경을 조성하는 핵심이다.

윤리적 접근은 기업의 사회적 책임과도 연결된다. 가격 협상에서 공정성과 투명성을 지키는 기업은 고객과 시장으로부터 신뢰를 얻고, 장기적 기업 이미지와 평판 제고에 도움을 받는다. 특히 오늘날 소비자와 이해관계자들은 기업의 윤리적 책임과 공정한 행동을 중요하게 평가하므로, 윤리적 협상 접근은 곧 기업 경쟁력으로 직결된다.

가격 협상에서 윤리적 접근은 단기 이익을 넘어 지속 가능한 협력 관계와 시장 신뢰 확보를 위한 가장 강력한 전략이다. 앞으로 협상 전략에서 윤리적 접근은 선택이 아니라 필수로 자리매김할 것이며, 협상의 진정한 성공을 이끄는 주요 원칙으로 강조될 것이다.

참고문헌

Bagga, P. et al.(2022.1.7). Deep learnable strategy templates for multi-issue bilateral negotiation. *ArXiv*, https://arxiv.org/abs/2201.02455

Fisher, R. et al.(2011). *Getting to yes: Negotiating agreement without giving in*. Pengin Books.

Lewicki, R. J. et al.(2024). *Essentials of negotiation*. McGraw Hill(1st. 2020).

Li, M. et al.(2021.7.3). A data-driven method for recognizing automated negotiation strategies. *ArXiv*, https://arxiv.org/abs/2107.01496

Nierenberg, G. I.(1968). *The art of negotiating*. NY: Hawthorn.

Schelling, T. C.(1960). *The strategy of conflict*. Harvard University Press.

Voeth, M. et al.(2023.6.30). Ethical issues of the use of artificial intelligence in purchasing negotiations. In *Springer fachmedien wiesbaden gmbH*, ein Teil von *Springer Nature*

2023,
https://link.springer.com/chapter/10.1007/978-3-658-41815-1_24

02
협상 혁신을 가져오는 AI 기술

인공지능 기술이 가격 협상에 가져온 근본적 변화를 살펴본다. AI 도입으로 협상 전략이 과학적으로 진화하는 모습을 조명하고, 대규모 언어 모델(LLM)을 활용한 협상 효율성 극대화 방안을 제시한다. 또한 인간과 AI 기술의 협력적 상호작용 가능성을 강조해 미래 협상에 대한 통찰을 제공한다.

AI와 MBTI?

가격 협상의 AI 혁명

가격 협상에서 최근 가장 획기적인 변화는 인공지능의 도입이다. AI 기술은 전통 협상 방식을 근본적으로 바꾸면서 협상 전략의 효율성과 정확성을 현저히 높이고 있다(Li, 2024). 또한 AI는 방대한 데이터를 객관적으로 분석해 정밀한 협상 전략 수립을 가능하게 한다.

AI는 대규모 데이터를 빠르게 처리 · 분석할 수 있는 능력을 지녔다. 시장 동향, 고객의 가격 민감도, 경쟁사 전략 등 협상에 영향을 미치는 다양한 요소를 실시간 분석해 최적 전략을 도출하는 데 큰 이점을 준다. 특히 AI는 시장의 작은 변화나 상대의 반응도 놓치지 않고 실시간 분석해 즉각 전략을 수정할 수 있는데, 이는 협상자가 쉽게 따라 할 수 없는 영역이다.

AI 도입으로 협상 과정에서 흔히 나타나는 심리적 편향과 개인적 오류도 크게 감소한다. 협상자는 스트레스나 감정 기복으로 판단력이 흐려질 수 있지만, AI는 일관된 논리와 데이터 분석을 기반으로 항상 객관적이고 합리적인 전략을 유지한다. 그 결과 AI 협상 에이전트는 더욱 정확하고 신뢰할 만한 협상 결과를 제시할 수 있다.

물론 AI 도입에는 해결해야 할 과제도 있다. AI 협상 에이전트가 전략 수립 시 상대의 심리적 취약점을 지나치게 이용하거나 비윤리적 결과를 유도할 위험이 있기 때문이다. 따라서 AI 활용 시에도 윤리적 기준을 준수하고 공정성과 투명성을 유지하는 것이 중요하다. AI의 뛰어난 분석력은 전략 수단이지 목적이 아니므로, 언제나 협상의 본질적 가치인 상호 신뢰와 공정함을 잊지 말아야 한다.

인간과 AI의 협력적 공존

가격 협상에서 AI 기술이 주목받고 있지만, 여전히 협상 과정에서 인간의 역할은 필수적이다. 협상의 본질은 결국 인간 대 인간의 상호작용이며, 여기에는 인간만이 가진 감정적 이해와 공감, 관계 형성 능력이 필요하다. 따라서 성공적인 협상을 위해서는 인간과 AI 기술의 적절한 조화와 상호 보완 관계가 중요하다(Courtois & Lavadoux, 2024).

AI의 가장 큰 강점은 데이터 분석과 패턴 인식, 그리고 이를 통한 전략 제안 능력이다(Vaccaro et al., 2025). AI는 방대한 시장 데이터를 신속히 분석하고, 상대의 협상 성향과 요구를 예측하는 능력으로 협상자의 전략적 선택을 효과적으로 지원한다. AI는 인간이 놓칠 수 있는 미세한 변화까지 탐지해 최적의 협상 조건과 전략을 즉각 제안함으로써 협상 효율과 성과를 높이는 데 크게 기여한다.

반면 협상자는 신뢰 구축과 관계 형성을 담당한다. 협상자는 AI가 제시한 전략을 활용하면서도 상대와 정서적 교감을 형성하고, 유연한 소통을 통해 상대가 제안을 수용하도록 유도한다. AI의 전략이 아무리 정확하고 정교해도, 그것을 사용자가 받아들이고 신뢰하도록 만드는 최종 역할은 결국 인간에게 달려 있다.

이러한 인간-AI 협력 접근은 협상의 성공 확률을 극대화한다. 협상자는 AI가 제공하는 객관적 데이터와 통찰을 활용해 더 정확한 판단을 내릴 수 있고, AI는 사용자가 피드백한 심리 반응과 현장 상황 정보를 학습해 더욱 현실적이고 효과적인 전략을 수립한다. AI가 데이터와 예측력을 제공하면 협상자는 관계 구축과 윤리적 판단을 통해 협상을 성공으로 이끄는 식이다. 결국 협상의 성공은 인간의 경험과 감성적 이해, AI의 기술적 분석력이 조화롭게 통합된 결과라고 할 수 있다.

앞으로 가격 협상 분야에서는 인간과 AI가 각자의 강점을 발휘하며 상호 보완적 관계로 발전할 것으로 기대된다. AI는 데이터 처리와 전략 예측을, 인간은 신뢰 형성과 공감적 판단을 담당함으로써 협상을 성공적으로 이끌어 낼 것이다. 협상자는 AI를 경쟁 상대가 아닌 협력 파트너로 받아들여, 자신의 경험과 판단력에 AI의 분석력을 더하는 새로운 형태의 협상 팀을 구성해야 한다. 이러한 인간과 AI의 공존 모델은 향후 협상 업무의 표준이 될 것이며, 이를 선도적으로 활용하는 조직이 협상 경쟁력을 확보할 것이다.

참고문헌

Courtois, P. & Lavadoux, F.(2024.5.31). Negotiating smarter: How AI might change the game. *EIPA*(European Institute of Public Administration), https://www.eipa.eu/blog/negotiating-smarter-how-ai-might-change-the-game/

Fu, Y. et al.(2023.5.17). Improving language model negotiation with self-play and in-context learning from AI feedback. *ArXiv,* https://arxiv.org/abs/2305.10142

Kwon, D. et al.(2024.2.21). Are LLMs effective negotiators? Systematic evalation of the multifaceted capabilities of LLMs in negotiation dialogues. *ArXiv,* https://arxiv.org/abs/2402.13550

Li, H.(2024.11). AI-powered negotiations: Opportunities, challenges, and the future of business strategy. *Transactions on economics business and management research*, 13, pp.148-154, https://www.researchgate.net/publication/387065977_AI-Powered_Negotiations_Opportunities_Challenges_and_the_

Future_of_Business_Strategy

Shonk, K.(2025.3.17). From agent to advisor: How AI is transforming negotiation. *Harvard law school, Daily Blog,* https://www.pon.harvard.edu/daily/negotiation-skills-daily/from-agent-to-advisor-how-ai-is-transforming-negotiation/

Renting, B. M. et al.(2024.6.21). Towards general negotiation strategies with end-to-end reinforcement learning. *ArXiv,* https://arxiv.org/abs/2406.15096

Vaccaro, M. et al.(2025.3.9). Advancing AI negotiations: New theory and evidence from a large-scale autonomous negotiations competition. *ArXiv,* https://arxiv.org/abs/2503.06416

03
전략적 시나리오와 협상 역량 강화

협상 환경의 복잡성과 불확실성에 대응하기 위한 전략적 접근의 필요성을 강조한다. 구매 규모와 경쟁 강도에 따라 협상 유형을 분류하고, 복합 협상법과 AI 협상 에이전트를 활용해 협상 성공률과 효율성을 높이는 방안을 제시한다.

AI와 난임 극복?

복잡한 협상 환경에서의 전략적 대응

가격 협상은 본질적으로 불확실성과 복잡성을 내포한다. 협상자들은 각기 다양한 이해관계와 기대치를 가지고 있으며, 협상 과정에서 변수가 많이 발생할 수 있다. 이런 상황에서 명확한 전략 없이 협상에 임하면 협상은 불필요하게 길어지고 결과도 만족스럽지 못할 가능성이 크다(Shell, 2006). 따라서 성공적인 협상을 위해서는 명확하고 구체적인 전략 수립이 필수 요건이라 할 수 있다.

특히 현대 시장에서는 고객의 가격 민감도가 높아지고 경쟁이 심화하면서, 기업들은 가격 협상의 작은 차이로도 경쟁에서 뒤처질 수 있다. 그만큼 협상 전략은 협상 당사자가 목표를 분명히 설정하고, 상대 요구와 시장 상황을 정확히 이해해 체계적이고 효과적으로 대응하도록 돕는 중요한 수단이 되었다. 전략이 없다면 협상 과정이 산만해지고 핵심 목표를 놓치기 쉽지만, 전략이 뚜렷하면 협상자는 상황을 주도하고 원하는 결과에 집중할 수 있다.

협상 전략의 중요성은 AI 기술 도입으로 더욱 커지고 있다. AI 협상 에이전트는 과거 데이터를 활용해 다양한 협상 시나리오를 구축하고, 이를 미리 시뮬레이션할 수 있다. 이런 전략적 접근 덕분에 협상자는 실제 상황에서 발생할 변수와 상대 반응을 예측하고 준비된 대응책을 마련할 수 있게 된다. AI가 예측한 패턴에 따라 선제 대응 전략을 준비하면, 돌발 상황에도 당황하지 않고 협상을 이끌 수 있다.

AI 기반 시나리오 전략은 단순히 가격 설정에 머물지 않고, 협상 과정에서 나타날 리스크와 기회를 명확히 분석해 최적 결정을 내릴 수 있도록 지원한다. 또한 AI를 활용한 사전 시뮬레이션은 협상 중 일어날 수 있는 감정적 충돌이나 비효율적 의사결정을 줄이는 데도 큰 도움을 준다. 전략이 명확하면 협상자는 즉흥적 감정 대응 대신 미리 준비된 대응으로 안정적이고 신속한 협상을 진행할 수 있다.

특히 사용자가 여러 명이거나 조건이 복잡하게 얽힌 경우 등 복잡한 협상 환경에서는 전략적 접근이 더욱 요청된다. 사용자가 다수이고 협상 조건이 복합적일수록 명확한 전략과 시나리오 분석 없이는 협상의 방향을 잃기 쉽다. 그러므로 전략은 협상 중 혼란을 최소화하고 목표 달성에 집중하게 해 주는 나침반 역할을 한다. 궁극적으로 복잡하고 불확실한 환경에서 협상자가 최적의 결정을 내려 성공적인 결과를 얻으려면, AI 기술과 데이터 기반 시나리오 전략을 적극 활용해야 한다. 협상자는 기술을 전략 도구로 삼아 더 나은 협상 성과를 확보할 수 있을 것이다.

구매 규모와 경쟁 강도에 따른 협상 전략

가격 협상 전략을 더욱 효과적으로 수립하려면, 협상 대상인 상품과 시장 특성을 명확히 구분하는 것이 중요하다. 이를 위해 협상 환경을 두 가지 축으로 분석할 수 있다. 하나는 구매 규모(large vs. small)이며, 다른 하나는 경쟁 강도(high vs. low)다(Wanetick, 2017). X축을 구매 규모, Y축을 경쟁 강도로 두어 네 가지 협상 유형의 사분면을 도출할 수 있다.

제1 사분면은 구매 규모 크고 경쟁 강도 높은 경우. 이 상품군은 기업 이익에 미치는 영향이 크고, 공급자 간 경쟁도 치열하다. 협상 과정이 가장 복잡하고 전략적 중요성이 높다. 이 영역에서는 세밀한 시장 분석과 철저한 데이터 활용으로 협상 목표를 명확히 설정하고, 협상 회차, 앵커링(Anchoring) 설정, 목표 가격의 단계적 조정 등 전략 변수를 촘촘히 관리해야 한다. 즉, 전략적이고 깊이 있는 사전 준비가 필수적이다.

제2 사분면은 구매 규모가 작고 경쟁 강도가 높은 경우다. 구매 규모가 작아 협상에 많은 시간·비용을 들이

기에는 비효율적이지만, 경쟁이 치열해 최적 가격을 빠르게 도출해야 한다. 이때는 신속하고 명확한 협상이 중요하다. 협상 회차를 짧게 하고, 초반부터 "이 조건이 당사가 제시할 수 있는 최선입니다" 같은 명료한 메시지를 전달하는 등 공격적 앵커링으로 협상 시간을 단축한다. 중반 이후에는 "귀사의 요구 사항을 최대한 반영하겠습니다" 같은 협조적 태도로 전환해 빠른 결론을 유도한다.

제3 사분면은 구매 규모가 작고 경쟁 강도가 낮은 경우다. 협상 투입 자원이 제한적인 만큼 협상을 최대한 간략하게 진행하는 것이 바람직하다. 협상 회차를 최소화하고, "귀사의 의견을 신속히 반영해 원활히 마무리하겠습니다" 같은 유연한 협조 메시지로 불필요한 과정을 줄인다. 조건과 목표도 명확하고 단순하게 정의해 효율성을 극대화해야 한다. 이 영역에서는 최소한의 프로세스로 최대 효과를 내는 것이 핵심이다.

제4 사분면은 구매 규모가 크고 경쟁 강도가 낮은 경우다. 이 경우, 기업은 비교적 협상에서 우위를 점한다. 경쟁이 약하므로 협상을 신속하고 명확하게 진행하면서도, 상대에게 협력적인 자세를 유지해 우호적 관계를 구축하는 것이 좋다. 예컨대 초반부터 "장기적 협력을 희

망합니다" 같은 표현으로 협조를 유도하고, 진행 중에도 "상호 만족할 조건을 찾기 위해 귀사를 존중합니다"와 같이 협조적 페르소나를 강조함으로써 빠른 합의를 이끌어 낸다.

이러한 4분면 분류를 통해 협상 목표 달성을 위한 변수들–협상 회차, 페르소나 유형(헌신적, 협력적, 경쟁적 등), 앵커링, 목표 조정 방식 등–을 사전에 정의하면 협상 효율성과 전략적 우위를 확보할 수 있다. 즉, 협상 상황별로 맞춤 전략 매트릭스를 준비해 둠으로써 어떤 환경에서도 흔들리지 않는 협상 계획을 세울 수 있다. 이러한 체계적 접근은 가격 협상의 성공 가능성을 높이는 핵심이다.

복합 협상법의 전략적 활용

가격 협상은 점차 복잡한 시장 환경과 다양한 이해관계가 얽히면서, 단일한 협상 방식만으로 원하는 결과를 얻기가 어려워지고 있다. 이에 최근에는 여러 전략과 전술을 유기적으로 결합해 상황과 목적에 맞게 적용하는 복합 협상법이 주목받고 있다. 복합 협상법이란 하나의 전략에만 의존하지 않고, 다양한 시나리오와 접근 방식을 조합해 협상 성공률과 효과성을 높이는 방식이다.

복합 협상법에서는 여러 협상 변수를 전략적으로 설계 · 관리하는 것이 중요하다. 특히 협상 회차, 페르소나 유형, 앵커링 전략, 회차별 목표 조정 방식 등 주요 변수를 미리 설정해 협상 프로세스를 보다 체계적으로 운영한다(Malhotra & Bazerman, 2007). 예를 들어 초기 협상에서는 경쟁적 페르소나로 가격 우위를 확보하고, 중반 이후 협력적 페르소나로 전환해 상호 이익을 도모하는 식의 유연한 전략 운용이 가능하다. 하나의 협상에서도 단계별로 태도와 전략을 바꾸는 것이다.

또한 복합 협상법은 협상 시나리오를 다각도로 분석 · 준비해, 진행 중 발생할 수 있는 다양한 변수와 상대 반응에 미리 대비한다. AI 협상 에이전트는 과거 데이터를 토대로 가능한 시나리오를 다수 생성하고, 협상자가 이 중 최적 전략을 실시간 선택하도록 돕는다. 이를 통해 예기치 못한 변수에도 유연하게 대처하면서도 협상 목표를 정확히 달성할 수 있다.

복합 협상법은 특히 여러 이해관계자가 관여하고 조건이 복합적인 협상에서 강력한 효과를 발휘한다(Diamond, 2010). 상황이 복잡할수록 단일 전략으로 모든 협상 조건을 충족하기 어려우므로, 복수의 전략 시나리오를 준비해 유기적으로 전환하는 것이 필수다. 이를 통해 협상자는 전략적 우위를 유지하면서도 상대와 관계를 원활히 유지하는 균형점을 찾게 된다.

또한 복합 협상법은 협상 과정의 리스크 최소화와 기회 최대화에 효과적이다. 각 시나리오는 내재한 위험과 기회를 분석해 협상자가 목표 달성을 위한 최적 접근법을 제공하며, 협상 중 새로운 변수가 등장해도 신속하고 효율적으로 전략 전환을 가능케 한다.

AI 협상 에이전트의 가능성과 비전

최근 가격 협상 분야에서는 협상 전략의 실행 주체로서 자율적 의사결정을 내리고 협상을 진행하는 AI 협상 에이전트가 주목받고 있다. AI 협상 에이전트란 인간 개입 없이 스스로 데이터를 분석하고 전략을 선택하며, 상대와 실시간으로 협상을 수행하는 인공지능 시스템을 의미한다(Movius & Susskind, 2009). 이러한 AI 시스템은 협상 환경의 복잡성과 불확실성에 대응해 협상 과정을 보다 빠르고 효율적으로 관리할 혁신적 접근법으로 평가받는다.

AI 협상 에이전트의 핵심은 고도화된 머신 러닝 기술과 실시간 데이터 분석 능력이다. AI는 협상 시작 전 방대한 과거 협상 데이터를 분석해 사용자의 협상 성향, 가격 민감도, 의사결정 패턴을 학습한다(Renting et al., 2024). 그 기반 위에 협상 중에는 상대 반응을 실시간 예측하고, 최적의 조건과 전략을 선택해 협상을 진행한다. 또한 협상 결과와 과정을 즉각 피드백 받아, 다음 협상에서 더 정확하고 정교한 결정을 내릴 수 있도록 지속 학습한다.

AI 협상 에이전트는 협상자의 한계를 극복하는 데 효과적이다(Kwon et al., 2024). 인간은 복잡한 협상 환경에서 감정적 영향이나 피로로 최적 판단을 유지하기 어렵지만, AI는 감정이나 피로에 영향받지 않고 협상 전반에 걸쳐 일관되고 객관적인 판단을 지속할 수 있다. 이를 통해 협상 효율성을 극대화하고, 결과의 일관성과 신뢰성을 높일 수 있다.

특히 AI 협상 에이전트는 다수의 협상 시나리오를 동시에 처리하고 관리하는 데 탁월하다. 사용자가 여러 명이거나 조건이 복잡하게 얽힌 협상에서도 AI는 빠르고 정확하게 상황을 분석해 가장 유리한 대응 전략을 신속히 결정할 수 있다. 이는 기업이 최소한의 인적 자원으로 최대의 협상 능력을 발휘할 수 있게 한다.

AI 협상 에이전트는 앞으로 가격 협상 분야에서 협상의 복잡성을 효과적으로 관리하고 협상 성과를 높이는 중요한 기술 혁신이 될 것이다. AI가 인간의 협상 능력을 보완하고, 자율적으로 전략적 결정을 내리며 최적의 협상 결과를 만들어 내는 시대가 본격화되고 있다. 협상자들은 이 새로운 에이전트를 활용해 협상 프로세스를 재설계하고, 보다 높은 수준의 전략적 통찰을 협상에 접목할 수 있을 것이다.

참고문헌

Diamond, S.(2010). *Getting more: How you can negotiate to succeed in work and life*. Viking. 김태훈 옮김(2022). 『어떻게 원하는 것을 얻는가』. 세계사.

Kwon, D. et al.(2024.2.21). Are LLMs effective negotiators? Systematic evalation of the multifaceted capabilities of LLMs in negotiation dialogues. *ArXiv*, https://arxiv.org/abs/2402.13550

Malhotra, D. & Bazerman, M. H.(2007). *Negotiation genius: How to overcome obstacles and achieve brilliant results at the bargaining table and beyond*. Bantam books.

Movius, H. & Susskind, L.(2009). *Built to win: Creating a world-class negotiating organization*. Harvard business review press.

Renting, B. M. et al.(2024.6.21). Towards general negotiation strategies with end-to-end reinforcement learning. *ArXiv*, https://arxiv.org/abs/2406.15096

Shell, G. R.(2006). *Bargaining for Advantage: Negotiation Strategies for Reasonable People*. Penguin books.

Wanetick, D.(2017). *The Strategic Negotiator: A Manual for Negotiating at the Elite Level.* Business Development Academy.

04
성향 분석과 맞춤형 협상 전략

협상 당사자의 심리적 성향과 그에 따른 전략적 접근 방식을 다룬다. 성향 분석으로 상대의 협상 스타일을 파악하고, MBTI를 활용해 유형별 특성을 이해한 후 전략에 반영한다. 또한 페르소나 전략으로 상대의 다양한 성향에 맞춘 맞춤형 협상 기법을 제시한다. 이는 AI 협상의 성공률을 극대화하는 필수 요소로 작용한다.

AI와 사주?

협상 스타일의 분석과 이해

협상의 성패를 좌우하는 중요한 요소 중 하나는 상대의 협상 스타일을 정확히 파악하는 것이다(Shell, 2006). 상대가 어떤 성향을 지녔는지에 따라 효과적인 접근 방식과 전략이 크게 달라지기 때문이다. 일반적으로 사용자의 협상 스타일은 네 가지 유형으로 크게 구분할 수 있다(Sass & Liao-Troth, 2015).

첫째, 개인주의자는 자신의 이익과 목표 달성을 최우선시하며, 상대의 이익이나 입장에는 관심이 적은 경향이 있다. 협상 과정에서 자신의 목적을 위해 적극적이고, 때로는 강경한 주장을 펼친다. 이러한 성향의 상대에게는 협상 초반 명확한 목표와 강력한 근거를 제시하고, 예상되는 갈등에 미리 대비하는 전략이 효과적이다.

둘째, 협력자는 상대방과 자신의 이익을 모두 중요하게 여기며, 상호 이익의 균형을 찾으려 노력한다. 협상에서 정보를 적극 공유하고 상대 의견을 경청하며, 신뢰와 협력적 관계 구축을 중시한다. 협력자와는 상호 신뢰 형성을 목표로 투명한 소통을 하고, 공동 목표를 강조하며 협상을 원활히 이끌어 가는 것이 바람직하다.

셋째, 경쟁자는 협상 목표를 상대보다 더 유리한 조건 확보에 두고, 승리를 최우선시한다. 이들은 협상에서 우위를 점하기 위해 강경하게 임하는 편이다. 경쟁적 성향의 상대와 협상할 때는 초반에 명확한 한계선을 설정하고, 비합리적 요구에는 단호하게 대응하며 불필요한 양보를 하지 않는 전략이 필요하다. 또한 갈등이 격화되지 않도록 논점을 분명히 하면서도 감정적 대립은 피하는 균형 감각이 요구된다.

각 유형은 뚜렷한 특성을 지니지만 실제 사용자는 이 요소들을 복합적으로 갖고 있기도 하다. 중요한 것은 상대의 주된 성향을 읽어 내 그에 맞춰 전략을 조정하는 일이다. 협상 전 상대의 과거 행동이나 평판, 커뮤니케이션 방식을 살펴보면 이러한 성향을 유추하는 데 도움이 된다.

성향을 정확히 파악했다면, 이후 전술은 훨씬 명확해진다. 개인주의자에게는 단호함과 대비책을, 협력자에게는 신뢰와 정보 공유를, 경쟁자에게는 명확한 제한과 논리를 강조하는 접근을 하면 상대의 마음을 움직이기 쉽다. AI 협상 에이전트도 이러한 성향 분류를 활용해 상대 유형별로 다른 대화 전략을 선택하도록 설계될 수 있다.

MBTI로 진단하는 협상 성향

가격 협상에서 상대 성향을 이해하고 전략적으로 활용하는 효과적인 방법 중 하나가 MBTI 성격 유형 분석이다(Huang et al., 2024). MBTI는 사람들의 성향을 파악하는 데 널리 쓰이는 도구로, 협상에서도 상대 행동 방식을 예측하고 전략을 세우는 데 활용할 수 있다.

협상 전에 사용자의 MBTI 성향을 간략히 파악할 수 있는 질문지를 활용해 볼 수 있다. 예를 들어 다음과 같은 질문들을 포함한 10여 개 문항으로 상대의 성향을 가늠해 볼 수 있다.

① "협상 시 즉각적으로 의견을 표현하는 편인가요, 아니면 신중히 정리한 후 표현하나요?"
② "데이터와 사실에 기반해 결정하는 편인가요, 아니면 사람과의 관계나 감정에 더 영향을 받나요?"
③ "양측에 모두 이익이 되는 해결책을 찾으려 노력하나요, 아니면 자신의 목표 달성에 집중하나요?"

이런 질문을 통해 상대의 외향(E)/내향(I), 감각(S)/직관(N), 사고(T)/감정(F), 판단(J)/인식(P) 성향을 파악할 수 있다. 짧은 MBTI 설문으로도 상대의 대략적 성격 유형을 진단하면, 이를 토대로 협상 전략을 구체화할 수 있다.

예를 들어 설문 결과 외향적(E) 성향으로 나타난 상대는 즉각적 피드백과 활발한 상호작용을 선호하므로, 협상 초반부터 적극적인 소통과 명확한 메시지 전달이 효과적이다. 반면 내향적(I) 성향의 상대는 조용하고 신중한 접근을 좋아하므로, 충분한 정보 제공과 시간을 주며 신뢰감을 쌓는 것이 중요하다.

MBTI 결과는 페르소나(persona) 설정에도 활용될 수 있다. 협상자는 MBTI 진단을 기반으로 상대에게 가장 적합한 말투와 접근 방식을 선택하고, 협상 변수(회차 구성, 목표 조정, 앵커링 등)를 전략적으로 조정할 수 있다. 예컨대 상대가 논리적 사고형(T)이라면 데이터와 근거 위주로 협상을 이끌고, 감정형(F)이라면 공감과 신뢰 형성에 좀 더 무게를 두는 식이다.

물론 모든 상대에게 직접 MBTI 설문을 할 수 있는 것은 아니지만, 사전 정보나 대화 분위기 등을 통해 유추하는 것만으로도 큰 도움이 된다. AI 협상 에이전트의 경우 대화 내용을 분석해 상대의 MBTI 성향을 추정하는 기능도 연구되고 있다(Noh & Chang, 2024). 이렇게 MBTI로 성향을 파악하면 협상 전략을 보다 정교하게 맞춤화할 수 있고, 협상 테이블에서 우위를 선점할 가능성이 높아진다.

협상 성향 맞춤형 전략의 실행

협상 성향 맞춤 전략은 협상 과정에서 개별 상대의 성격과 행동 유형에 맞춰 세밀하고 정교하게 대응하는 전략적 접근법이다. 이 전략의 핵심은 상대의 성향과 스타일을 정확히 분석하고, 협상 시작부터 심리적 요구와 반응을 예측해 최적 대응책을 마련하는 것이다. 실행 단계는 다음과 같다.

첫째, 상대의 성향을 정확히 파악하는 것이 필수적이다. MBTI 같은 성격 유형 도구는 상대가 외향적인지 내향적인지, 감정적인지 논리적인지 등을 효과적으로 평가해 협상 전략 수립에 필요한 정보를 제공한다. 예를 들어 외향적이고 적극적인 상대에게는 직접적이고 빠른 응답이 효과적인 반면, 내향적이고 신중한 상대에게는 충분한 숙고 시간과 자료 제공을 통해 신뢰감을 쌓아 가는 방식이 필요하다.

둘째, 성향 분석 결과를 토대로 구체적인 협상 전략과 페르소나를 설계한다. 성향에 따라 상대에게 접근할 때 사용하는 언어, 표현 방식, 협상 진행 속도를 세심하게 조정해야 한다(Yang et al., 2021). 논리적 · 분석적인 상대에게는 구체적 데이터와 명확한 논리를 앞세우고, 감정적 · 관계 중심적인 상대에게는 공감 섞인 표현과 관계 형성을 강조하는 접근이 효과적이다.

셋째, 맞춤형 전략은 협상 중 발생할 수 있는 갈등이나 예기치 않은 상황에도 유연하게 대처할 수 있는 대응 체계를 갖춰야 한다(Noh & Chang, 2024). 협상 초반부터 상대 성향에 따라 갈등 발생 가능성을 예측하고, 이를 관리할 시나리오와 대응책을 미리 준비해야 한다. 특히 경쟁적 성향의 상대와 협상할 때는 명확한 한계를 설정하고 분명한 협상 목표를 제시해 불필요한 갈등이나 협상 장기화를 예방할 수 있다.

넷째, 맞춤형 전략 실행 과정에서 실시간 피드백과 지속적 전략 수정이 이뤄져야 한다. 협상 중 상대가 보이는 미묘한 변화나 반응을 AI 등을 통해 실시간 분석하고, 그에 따라 전략을 빠르게 조정하는 유연한 운영이 필요하다. 최신 AI 협상 에이전트는 이러한 실시간 대응 능력을 갖추어 협상 효율과 성공률을 극대화할 수 있다.

결과적으로 협상 성향 맞춤 전략의 실행은 협상 성공률을 높일 뿐 아니라, 장기적으로 상대와의 신뢰 관계 구축과 지속 가능한 협력 관계로 이어지는 효과가 있다. 기업은 이를 통해 협상 경쟁력을 강화하고, 보다 안정적인 비즈니스 환경을 구축할 수 있다. 개별 성향에 최적화된 접근법은 상대의 만족도도 높여 협상 후에도 긍정적 관계를 이어가는 기반이 된다.

맞춤형 협상 전략을 실행하려면 먼저 상대를 잘 알아야 하고, 그에 맞춰 전략을 디자인하며, 협상 중에도 계속 배우고 조정해야 한다. 이러한 개인화된 전략을 통해 협상자는 매 상대에게 최적의 전술을 펼쳐 더 높은 성과를 올릴 수 있고, AI 협상 에이전트도 사용자별로 진화하며 더욱 만족스러운 협상 경험을 제공하게 된다.

참고문헌

Huang, Y. J. & Hadfi, R.(2024.7.16). How personality traits influence negotiation outcomes? A simulation based on large language models. *ArXiv,* https://arxiv.org/abs/2407.11549

Joshi, R. et al.(2021.6.2). DialoGraph: Incorporating interpretable strategy-graph networks into negotiation dialogues. *ArXiv,* https://arxiv.org/abs/2106.00920

Noh, S. & Chang, H. C. H.(2024.5.8). LLMs with personalities in multi-issue negotiation games. *ArXiv,* https://arxiv.org/abs/2405.05248

Shell, G. R.(2006). *Bargaining for Advantage: Negotiation Strategies for Reasonable People.* Penguin books.

Sass, M. & Liao-Troth, M. A.(2015.1). Personality and

negotiation performance: The people matter. *SSRN Electronic Journal,* https://www.researchgate.net/publication/271078707_Personality_and_Negotiation_Performance_The_People_Matter
Yang, R. et al.(2021.8). Improving dialog systems for negotiation with personality modeling. Proceedings of the 59th annual meeting of the *Association for Computational Linguistics*, pp.681-693, https://aclanthology.org/2021.acl-long.56.pdf
Zhou, Y. et al.(2019). A dynamic strategy coach for effective negotiation. *ACL anthology,* https://aclanthology.org/W19-5943/

05
심리를 활용한 전략적 협상법

협상 과정에서 가격이 지닌 심리적 의미와 그 영향을 탐구한다. 상대가 제시하는 가격을 기반으로 심리 상태와 협상 의도를 분석해 전략적 우위를 확보하는 법을 다룬다. 또한 협상 성공률 표시를 통해 상대 제안 가격이 목표 수준에 얼마나 근접한지 명확히 보여 줌으로써 협상 긴장감을 관리하고, 심리 전략을 활용해 상대의 마음을 움직여 협상을 유리하게 이끄는 방안을 제시한다.

AI와 아이돌?

가격이 전달하는 심리적 메시지

협상 과정에서 상대가 제시하는 가격은 단순히 금전적 가치 이상의 심리적 지표다. 그 사람이 느끼는 심리 상태와 전략적 의도가 가격 제시에 고스란히 담긴다(Cialdini, 2006). 상대가 제시한 가격 수준, 변동 폭, 제시 타이밍 등은 모두 협상자의 심리와 연관된 정보를 제공한다.

예컨대 협상 초기에 상대가 높은 가격을 불렀다면, 이는 추후 양보 여지를 남기려는 심리적 전략으로 볼 수 있다. 쉽게 말해, 처음부터 최저 가격을 공개하지 않고 협상 진행에 따라 가격을 조정할 공간을 확보하고자 하는 의도다. 반대로, 예상보다 낮은 가격을 먼저 제시한다면 상대는 협상의 빠른 타결을 원하거나, 치열한 경쟁 상황에서 우위를 점하고자 하는 전략일 수 있다. 이런 경우 상대는 협상 과정에서 이미 어느 정도 심리적 압박감을 느끼고 있을 가능성이 크다. AI 협상 에이전트는 이러한 심리 상태를 읽어 내어, 상대의 압박감을 활용해 보다 유리한 조건을 끌어내기 위한 전략을 준비할 수 있다.

AI 협상 에이전트는 제시된 금액 자체뿐 아니라 제시 방식과 빈도 같은 미묘한 요소까지 면밀히 분석한다. 예를 들어 상대의 가격 조정이 잦고 빠르면, 이는 협상에 불안하거나 초조한 심리가 반영된 행동 패턴일 수 있다.

AI는 이런 빈번한 조정과 가격 변동 패턴을 통해 상대의 협상 허용 범위, 심리적 저항선, 타결에 대한 긴급성 등을 판단한다. 상대가 불안해한다면 아직 추가 양보 여지가 있다고 보아 공세적으로 전략을 펼칠 수도 있다.

또한 AI 협상 에이전트는 가격 숫자 그 자체에 담긴 심리적 의미까지 분석해 대응한다. 예컨대 상대가 1,000원이 아니라 1,050원처럼 약간 애매한 숫자를 제시한다면, 이는 상대가 가격에 어느 정도 유연한 태도를 지녔다는 신호일 수 있다. 이 경우, AI는 추가 제안을 통해 상대가 수용 가능한 범위를 시험하고, 더 유리한 조건을 찾아낼 전략을 모색할 수 있다. 반대로 상대가 "절대 10,000원 이하로는 안 된다"처럼 딱 잘라 말한다면 해당 가격을 심리적 저항선으로 간주하고 다른 조건에서 양보를 끌어내는 식으로 전략을 수정할 것이다.

요컨대 가격 제시는 협상 당사자의 기대치와 자신감, 전략 등을 반영하는 심리적 신호로 기능한다(Thompson, 2019). AI 협상 에이전트는 상대가 제시한 가격을 다각도로 심리 분석해, 그 결과를 바탕으로 더욱 효과적인 협상 전략을 세울 수 있다. 가격과 심리의 관계를 깊이 이해하고 이를 전략적으로 활용하는 AI의 능력은 협상 과정에서 심리적 우위를 확보하고 성공률을 높이는 데 필수적인 요소다.

협상 성공률과 심리적 전략

협상 성공률 표시는 협상 과정에서 상대의 제안 가격이 목표가나 시장 최저가 등 기준치 대비 얼마나 근접한지를 시각화해 보여 주는 전략적 도구다. 이는 사용자로 하여금 협상 진행 상황을 한눈에 파악하게 함으로써 심리적으로 영향을 줄 수 있다. 협상 테이블에서 일종의 인디케이터(indicator) 역할을 하는 셈이다(Malhotra & Bazerman, 2008).

예를 들어 사용자의 제안 가격이 협상자의 목표가에 매우 근접한 경우, 인디케이터는 높은 성공 가능성 영역(예: 8~10단계)을 표시한다. 이는 "현재 제안은 매우 유리한 조건"임을 사용자에게 강조해 준다. 상대는 이 시각적 신호를 통해 협상이 빠르게 타결될 수 있음을 직관적으로 인지하고, 추가 조정 없이 속히 합의하도록 유도될 수 있다. 사람이 말로 "좋은 조건입니다"라고 설득하지 않아도, 시각적 지표만으로도 충분한 압박과 설득 효과를 주는 것이다.

반대로 상대 제안이 목표가나 시장 최저가에 비해 한참 높으면 인디케이터는 낮은 성공 가능성 영역(예: 1~

3단계)을 명확히 가리킨다. 이는 "현재 조건은 우리 기대치에서 크게 벗어납니다"라는 메시지를 시각적으로 전달해 상대의 심리적 긴장감을 높인다. 즉 상대가 인디케이터의 낮은 단계를 보면 자신이 협상에서 불리한 위치에 있음을 느끼게 되어, 가격 조정의 필요성을 간접적으로 암시받는다. 특히 낮은 성공률 지표를 확인한 상대는 협상에서 주도권을 잃고 있다는 생각에 압박을 느껴, 가격 인하 등 양보에 더 유연해질 가능성이 크다.

협상 성공률 표시의 핵심은 상대가 인지하는 심리적 효과를 극대화해, 협상자가 일일이 말로 압박하지 않아도 협상의 흐름을 자연스럽게 유리하게 유도하는 데 있다. 상대는 인디케이터를 통해 자신의 제안이 객관적 기준에서 어느 위치인지를 스스로 깨닫게 되고, 협상자가 지적하지 않아도 알아서 전략을 수정해야 함을 느끼게 된다. 다시 말해, 상대의 내재된 가격 조정 욕구를 시각적 정보를 통해 촉진하는 전략적 접근이 가능해지는 것이다.

AI 협상 에이전트는 이러한 협상 성공률 인디케이터를 실시간 조정해, 상대가 새로운 가격을 제시할 때마다 즉시 시각적으로 반영한다. 이러한 실시간 피드백은 상대에게 협상 흐름에 대한 지속적 긴장감을 제공해, 보다 적극적이고 현실적인 가격 제안을 하도록 만든다. 상대는 매 제안 시 자신이 유리한지 불리한지 바로바로 확인하게 되므로, 터무니없는 제안을 지속하기 어려워지고, 협상은 효율적으로 진행된다.

결국 성공률 표시는 협상 과정에서 심리적 우위를 확보하고, 상대의 가격 제안을 효과적으로 관리할 수 있는 강력한 도구가 된다. 인디케이터를 통해 협상의 복잡성과 감정 소모를 최소화하면서도 원하는 목표 달성에 가까워지도록 흐름을 통제할 수 있다.

인디케이터의 구조와 시각화

AI 협상 에이전트의 핵심 중 하나는 협상 성공률을 수치화하고 시각화하는 인디케이터의 구조다. 이 인디케이터는 협상 과정을 정량적으로 판단하고, 사용자에게 실시간으로 심리적 긴장감 또는 협상 가능성을 전달하는 역할을 한다. 단순 숫자만으로는 사용자에게 큰 영향을 주지 못하지만, 이를 직관적 그래픽으로 표현하면 협상 흐름을 능동적으로 조정할 수 있는 강력한 도구가 된다.

협상 성공률 인디케이터는 주로 세 가지 주요 가격 기준을 바탕으로 계산된다. 첫째는 AI가 설정한 목표가(Target Price)다. 이 가격은 내부 알고리즘에 따라 정해진, 협상에서 가장 이상적인 목표 지점이다. 둘째는 시장 최저가(Market Lowest Price)로, 현재 시장에서 동일 또는 유사 상품의 최저 거래 가격을 의미한다. 셋째는 사용자가 제안한 가격(Offer Price)이다. AI는 이 세 가격을 비교 분석해, 제안가가 목표가에 가까울수록, 혹은 시장 최저가보다 낮을수록 성공률이 높다고 판단한다.

인디케이터는 주로 게이지 형태의 시각화 도구로 구현된다(Hebert & Meade, 1992). 예를 들어 0%에서 100%까지 눈금이 있는 바(bar) 형태 게이지로 표현하며, 현재 제안이 얼마나 협상 성사 가능성이 높은지를 색상과 수치로 함께 보여 준다. 일반적으로 녹색은 성공 가능성이 높음을, 주황색은 중간 수준, 빨간색은 낮은 가능성을 의미하며, 이는 사용자의 심리에 직관적 영향을 준다. 사용자가 높은 성공률을 보면 협상을 마무리하고 싶어질 것이고, 낮은 성공률을 보면 가격 조정이나 전략 변경을 고민하게 된다.

또한 인디케이터는 고정된 값이 아니라 협상 진행에 따라 실시간으로 변한다. 상대가 가격을 조정할 때마다 인디케이터는 즉각 반응하며, 협상 흐름이 시각적으로 드러나게 된다. 이러한 반응형 시각화는 상대에게 일종의 피드백 루프를 제공해, 자신의 제안이 협상 테이블에서 어떤 위치에 있는지를 지속적으로 인식하게 만든다.

협상 성공률 인디케이터는 AI가 판단한 협상 가능성을 상대에게 실시간 전달하는 도구로서, 가격 정보 외에도 심리적 영향을 고려한 시각화 전략이 결합되어 있다. 이는 AI와의 협상을 단순한 정보 교환이 아닌 일종의 전략 게임으로 변화시키는 중요한 장치라 할 수 있다. 협상자는 인디케이터를 통해 상대의 심리를 효과적으로 자극해 협상을 원하는 방향으로 이끌고, 상대는 데이터를 통해 자신의 위치를 파악함으로써 더 합리적인 결정을 내리도록 유도된다.

인디케이터의 변화에 대응하는 전략

AI 기반 가격 협상에서 협상 성공률 인디케이터는 사용자의 반응에 따라 실시간으로 변화하는 동적 시스템이다(Diamond, 2010). 인디케이터의 변화는 단순 수치 등락이 아니라, 협상의 흐름과 전략적 전환점을 시각적으로 보여 주는 중요한 역할을 한다. AI는 이 변화를 토대로 다음 협상 전략을 결정하고, 상대에게는 심리적 신호를 주며 협상의 주도권을 유지하려 한다.

일반적으로 협상은 초기 탐색 단계, 중간 타협 단계, 최종 결단 단계로 나뉜다. 초기 탐색 단계에서 사용자가 첫 제안을 하면, AI는 이를 목표가와 시장 최저가와 비교해 협상 성공률 인디케이터를 생성한다(De Dreu et al., 2007). 이 시점에서 인디케이터는 협상의 여지를 넓게 반영하며, 성공률 수치가 낮게 나오더라도 큰 압박 없이 탐색적 대화가 오간다. AI는 이 과정에서 사용자의 성향과 반응 패턴을 분석하며, 상대의 협상 스타일을 파악하는 데 주력한다.

중간 타협 단계에 들어서면 인디케이터는 사용자의 가격 변화에 민감하게 반응한다. 예를 들어 사용자가 가격을 조금 내렸을 때, 성공률 게이지가 급격히 상승하는 모습을 보여 준다면, 사용자는 "이 정도면 거래가 성사될 수 있겠다"는 인식을 하게 된다. 반대로 가격 인하 없이 동일 제안을 반복하면 인디케이터는 정체되거나 하락세를 보이고, AI는 이에 맞춰 "현재 제안은 협상 가능성이 낮습니다" 같은 전략적 피드백을 제공한다. 이는 사용자로 하여금 자신의 제안을 재고하도록 유도하는 심리적 장치가 된다.

최종 결단 단계에서는 인디케이터가 가장 예민하게 작동한다. 사용자의 마지막 제안이 목표가 근처에 도달하면, AI는 성공률을 80~90% 수준의 높은 수치로 올려 보여 주며 성사 가능성에 대한 확신을 전달한다. 이때 AI

는 "현재 제안은 목표 조건과 거의 일치합니다. 거래를 성사하시겠습니까?" 같은 직접적 마무리 제안을 사용해 협상을 끝내려 한다. 반면 사용자가 지나치게 높은 가격을 고수하면 인디케이터는 급락하고, AI는 거래 중단 가능성을 암시하거나 실제로 협상 중단 선언을 고려하기도 한다. 인디케이터의 급격한 하락은 사용자에게 협상이 깨질 수 있다는 강력한 신호가 되어, 막판 양보를 이끌어 내는 효과를 낸다.

이처럼 단계별로 변하는 인디케이터는 단순 시각 자료를 넘어 협상의 전략적 흐름을 보여 주는 실시간 나침반 역할을 한다(Laborde, 1984). 사용자는 인디케이터 변화를 통해 자신의 제안이 협상 테이블에서 어떤 위치인지 파악할 수 있고, AI는 이를 바탕으로 전략을 조정해 더욱 효과적인 협상 결과를 유도한다. 인디케이터 변화에 맞춰 AI는 압박 강도나 설득 전략을 유연하게 조절해 협상을 원하는 방향으로 이끈다.

결과적으로 인디케이터의 변화는 협상 전체를 설계하고 이끌어 가는 중심축이 되며, 인간 심리와 기술 알고리즘이 만나는 접점에서 강력한 협상 도구로 기능한다. 협상자는 인디케이터를 잘 활용함으로써 상대의 심리를 읽고 필요한 조치를 취하며, AI 시스템은 그 정보를 기반으로 적시에 전략 피드백을 제공한다. 이를 통해 협상은 보다 체계적이면서도 유연하게 진행되고, 최종적으로 상호 만족도를 높이는 결과로 이어지게 된다.

참고문헌

Cialdini, R. B.(2006). *Influence: The psychology of persuasion.* 개정판. Harper Business. 황혜숙 옮김(2013). 『설득의 심리학』. 21세기북스.

De Dreu, C. K. W. et al.(2007.1). The psychology of negotiation: Principles and basic processes. *ResearchGate,* https://www.researchgate.net/publication/232513754_The_psychology_of_negotiation_Principles_and_basic_processes

Diamond, S.(2010). *Getting more: How you can negotiate to succeed in work and life.* Viking. 김태훈 옮김(2022). 『어떻게 원하는 것을 얻는가』. 세계사.

Hebert, J. P. & Meade, A. J.(1992.9). Examination of psychological type and preferred negotiation tactics and strategies of contract negotiators. *AFIT(Air Force Institute of Technology) scholar,* thesis, https://scholar.afit.edu/etd/7394/

Laborde, G. Z.(1984). *Influencing with integrity: Management skills for communication and negotiation.* Syntony Pub.

Malhotra, D. & Bazerman, M. H.(2008.1.8). Psychological influence in negotiation: An introduction long overdue. *Journal of management,* 34(3), https://www.hbs.edu/ris/Publication%20Files/08-058_17eca3fb-6891-4572-a8f0-7f25a4b92729.pdf

Thompson, L. L.(2019). *The mind and heart of the negotiator.* Pearson.

06
데이터 제약을 극복하는 AI 전략

AI 협상 에이전트가 직면하는 데이터 한계를 극복하기 위한 혁신적 방법들을 다룬다. 제한된 데이터 상황에서도 고성능 AI를 구현하기 위해 데이터 증강 기법으로 학습 데이터를 인위적으로 확대하고, 자기 지도 학습 및 AI 간 자가 학습 방식을 통해 협상 알고리즘을 지속 고도화해 협상 성능을 크게 향상할 수 있는 전략을 제시한다.

AI와 야구?

협상 데이터 부족의 현실

디지털 전환이 가속화되면서 대부분 산업에서 "빅데이터"는 혁신의 핵심 키워드가 되었다. AI 학습의 연료인 대규모 데이터세트는 예측 정밀도와 자동화 수준을 비약적으로 끌어올리는 데 기여해 왔다. 가격 협상 분야도 예외가 아니다. 다양한 시장과 조건 속 수많은 협상 사례를 데이터화해 AI가 학습하면 협상의 자동화와 지능화가 가능할 것으로 기대된다. 그러나 현실은 다르게 전개된다.

가격 협상 데이터는 다른 산업에 비해 수집 자체가 어려우며 표준화도 쉽지 않다(Li et al., 2021). 방대한 협상 데이터를 확보하려면 많은 실제 거래 축적이 필요한데, 기업 내부 민감 정보와 전략이 포함된 경우가 많아 외부 공유가 불가능한 사례도 다수다. 결국 AI 협상 에이전트 모델은 데이터 부족과 불균형이라는 이중 제약에 놓이게 된다. 특정 카테고리나 특수한 유통 환경에 특화된 협상 모델을 만들고자 할 경우, 데이터 확보는 더욱 큰 과제가 된다.

이러한 제약 상황에서 주목할 점은 '소규모 데이터'의 전략적 활용이다. 양은 적지만 몇 안 되는 협상 사례에서도 반복되는 패턴이나 심리 흐름, 응답 구조 등을 충분히 추출할 수 있다. 이를 기반으로 시뮬레이션, 강화 학습, 시나리오 생성 등의 방법을 적용하면 제한된 데이터를 다양한 변수와 맥락에서 확장시킬 수 있다. 즉, 적은 양의 고품질 데이터를 정제해 가상 협상 데이터를 증식함으로써 빅데이터 부족의 한계를 극복할 가능성이 열린다.

이러한 접근은 시간과 비용 면에서도 효율적이다. 빅데이터 수집·정제·보안 처리에는 막대한 자원이 들지만, 소규모 데이터를 기반으로 정밀 설계된 학습 시스템은 훨씬 빠르고 유연하게 반복 학습을 수행할 수 있다. 특히 협상처럼 인간 중심의 복합적 상호작용 영역에서는 데이터의 양보다 패턴과 맥락이 더 중요한 경우가 많다.

물론 이상적으로는 빅데이터가 풍부할수록 좋지만, 현실적으로 접근이 어려운 자원이다. 반면 소규모 데이터는 제한적이지만 전략적 활용을 통해 실제 모델 성능을 끌어올릴 수 있는 실질적 해법이 될 수 있다. AI 협상 에이전트의 진정한 진화는 단순히 데이터를 많이 모으는 것이 아니라, 정교한 설계와 데이터 증강 기술을 통한 학습 구조 혁신에서 출발할 수 있다.

패턴 기반 데이터 증강 기법

AI가 가격 협상을 수행하려면 실제 협상 사례 학습이 필수적이다. 그러나 앞서 언급했듯 협상 데이터는 많이 모으기도 어렵고, 상황 다양성이 데이터 확장을 가로막는다. 이런 한계를 돌파하기 위해 등장한 것이 패턴 기반 데이터 증강(Pattern-Based Data Augmentation) 방식이다. 이는 소수의 실제 협상 데이터를 기반으로 패턴을 추출하고, 이를 응용·변형해 다양한 가상 협상 사례를 만들어 내는 접근법이다(Bagga et al., 2022). 제한된 데이터로 AI 학습을 확장하는 매우 유효한 방법으로 주목받고 있다.

협상 데이터에는 일정한 구조적 흐름이 존재한다. 예를 들어 "요청 → 반응 → 반론 → 타협 → 합의"로 이어지는 전형적 협상 시나리오의 골격이 있고, 각 단계에는 자주 반복되는 언어 패턴이 포함되어 있다. 이렇게 구조화된 협상 흐름과 언어 스타일은 데이터를 양산하는 중요한 기반이 된다. 초기 소수 협상 대화를 분석해 가격 인하 요청, 조건 완화 제안, 대안 제시 등 주요 전략 유형을 분류하고, 이를 기반으로 문장을 확장하는 식이다.

또한 상대의 협상 성향(MBTI 등)에 따라 응답 스타일이 달라지는 점도 중요한 증강 포인트다. 동일 상황에서도 외향적 성향은 즉각적이고 직접적인 반응을 보이는 반면, 내향적 성향은 간접적이고 신중한 접근을 취한다. 이러한 반응 유형 역시 협상 패턴으로 분류해, 동일 주제 협상이라도 다양한 시나리오를 자동 생성하는 것이 가능하다. 실제 AI 협상 에이전트에서는 이러한 성향 기반 템플릿을 적용해 협상 데이터를 수십 배로 확대할 수 있다.

텍스트 생성 AI를 활용하는 것도 데이터 증강을 촉진하는 또 하나의 수단이다. 기존 협상 대화를 입력하면, 유사 문맥에서 새로운 응답 예시를 생성하거나 문장을 패러프레이징(paraphrasing)해 표현을 다양화할 수 있다. 예컨대 "단가를 10% 낮춰 주실 수 있나요?"라는 질문을 "혹시 이번 거래에서 가격 조정이 가능할까요?"처럼 다른 표현으로 재구성함으로써, AI는 더욱 다양한 언어 환경에 적응할 수 있다. 이는 실제 협상에서 사용될 표현의 다양성 확보에 큰 도움이 된다.

패턴 기반 증강의 가장 큰 장점은 속도와 효율성이다. 데이터를 새로 수집하지 않아도 기존 자원을 활용해 빠르게 확장할 수 있고, 정교한 협상 패턴 분석을 통해 고품질 데이터를 대량 생산할 수 있다. 이 방식은 한정된 데이터 환경에서 AI 협상 에이전트의 초기 성능을 빠르게 높이는 데 효과적이며, 이후 실제 협상에서 수집되는 신규 데이터로 지속적인 정교화도 가능하다.

패턴 기반 데이터 증강은 단순 양적 확장이 아니라, AI가 협상 상황을 더 깊이 이해하고 다양한 방식으로 대응할 수 있도록 만드는 지능적 확장이다. 이는 AI 협상 에이전트가 정형화된 응답을 넘어 창의적이고 상황 맞춤형 대응을 구현하는 데 중요한 발판이 된다. 소규모 데이터에 숨겨진 의미 있는 패턴을 찾아 체계적으로 확장하는 것이야말로 AI 협상 에이전트를 실제 업무에 성공적으로 적용하기 위한 가장 스마트한 전략인 것이다.

자기 지도 학습으로 협상 알고리즘 고도화

AI가 가격 협상에서 실질적 성과를 내려면 단순 반응형 수준을 넘어 협상 흐름 전체를 이해하고 주도할 수 있어야 한다. 이를 가능하게 하는 핵심 기술이 바로 자기 지도 학습(Self-Supervised Learning)과 협상 시나리오 자동화다. 기존의 지도 학습(Supervised Learning)이 정답이 달린 데이터를 기반으로 학습했다면, 자기 지도 학습은 AI가 주어진 데이터 내부의 규칙성과 패턴을 스스로 찾아내는 방식이다(Fu et al., 2023). 협상처럼 비정형적이고 정답이 명확하지 않은 영역에서는 자기 지도 학습 방식이 특히 효과적이다.

예를 들어 AI가 기존 협상 대화 데이터를 스스로 분석해 문장 간 관계, 질문-응답 쌍, 협상 흐름 등을 학습하게 하면, 새로운 협상 상황에서도 유사한 맥락을 파악해 적절한 대응을 생성할 수 있다. 이는 협상 전략 이해와 문맥 기반 응답 생성 두 측면에서 AI의 역량을 크게 향상한다. 인간이 일일이 수많은 협상 데이터를 레이블링하지 않더라도, AI가 자율적으로 학습을 이어 나갈 수 있다는 점에서 학습 속도와 비용 면에서도 매우 유리하다.

이러한 자기 지도 학습을 바탕으로 구축되는 것이 협상 시나리오 자동화 시스템이다. 이것은 실제 협상 과정을 시뮬레이션하고, 다양한 변수를 조합해 무한대에 가까운 협상 상황을 재현할 수 있게 해 주는 구조다. 사용자가 단가, 납기, 조건, 성향(MBTI), 목표 마진 등 기본 정보를 입력하면 AI가 자동으로 그 상황에 맞는 질문과 대응 시나리오를 생성한다. 예컨대 "외향적이고 공격적인 사용자에게 단가 5% 인하를 요구할 경우 어떤 대화가 오갈까?" 같은 조건이 주어지면, AI는 이에 맞는 협상 흐름을 즉석에서 만들어 낸다.

또한 AI는 협상 도중 발생하는 변화를 반영해 실시간으로 시나리오를 수정하거나, 다양한 대안 경로(branch)

를 구성할 수도 있다. 이는 마치 전략 게임에서 여러 선택지를 시뮬레이션해 보는 것과 비슷한 개념으로, AI의 협상 유연성과 현실 대응력을 높이는 데 크게 기여한다.

무엇보다 협상 시나리오 자동화는 단순히 데이터를 늘리는 것을 넘어, AI 스스로 사고하고 학습할 수 있는 환경을 제공한다는 데 의미가 있다. 다양한 전략이 적용된 시나리오를 반복 경험하면서 AI는 어떤 전략이 어떤 상황에서 효과적인지 평가하고, 이후 상황에서 더 정교한 전략을 선택하게 된다(Renting et al., 2024).

자기 지도 학습과 시나리오 자동화는 AI 협상 에이전트의 고도화를 위한 핵심 기반 기술이며, 방대한 협상 데이터를 일일이 확보하지 않더라도 빠르게 성장할 수 있는 혁신적 경로를 제공한다. 이 기술이 안정적으로 구현되면 AI는 단순히 가격을 깎는 도구가 아니라 협상 전반을 전략적으로 주도하는 협력 파트너로 진화하게 될 것이다.

짧은 시간, 빠른 성과

AI 협상 에이전트의 가장 큰 장점은 짧은 시간에 협상 역량을 급격히 끌어올릴 수 있다는 것이다. 이는 단순 응답 속도나 자동 대화 기능을 넘어, 실제 협상 성과 향상이라는 실질 지표로 증명될 수 있다. 특히 패턴 기반 데이터 증강과 자기 지도 학습, 시나리오 자동화가 결합되면, AI는 하루에도 수천 건의 협상 시나리오를 학습하고 실시간으로 전략을 조정할 수 있게 된다(Vaccaro et al., 2025). 이는 협상자가 수년간 쌓을 수 있는 학습량을 단기간에 압도적으로 뛰어넘는 수준이다.

이런 협상 역량의 고속 성장은 몇 가지 요인으로 설명된다. 첫째는 반복 학습 밀도다. AI는 지치지 않고 실패로부터의 피드백을 즉시 반영할 수 있다. 예를 들어 동일한 협상 조건에서 성향이 다른 사용자와 수백 번의 가상 협상을 시뮬레이션함으로써 가장 높은 성과를 내는 전략 패턴을 스스로 찾아낸다. 이는 실제 협상에서 성공률 향상으로 직결된다. 둘째는 데이터 기반 판단력 향상이다. 과거 협상 데이터에서 추출된 성공 요인을 바탕으로 현재 협상 상황을 평가하고, 그에 따라 최적의 접근 방식을 제시할 수 있다. 예컨대 "이 사용자는 과거 3건 중 2건에서 가격보다 납기를 우선시했으므로, 이번에도 조건 협상이 유리하다"는 식의 판단이 가능해지는 것이다.

실제 현장 적용 사례에서도 이러한 AI 협상 에이전트는 짧은 시간에 의미 있는 성과를 내고 있다. 한 중견 유통 기업 MD팀에 도입된 AI 협상 보조 도구는 불과 2개월

만에 평균 마진율을 약 4% 포인트 향상하는 데 성공했다. 이는 AI가 단순 자동화 도구를 넘어 '역량 증폭기(Amplifier)'로서 작동한다는 점을 보여 준다.

또한 AI는 협상 전략을 수시로 업데이트할 수 있어, 급변하는 시장 환경에도 빠르게 대응 가능하다. 공급망 위기, 환율 변동, 원자재 가격 급등 등 외부 요인이 협상 구조를 바꾸면, 과거 데이터에만 의존하는 시스템은 한계를 드러낸다. 그러나 AI 협상 에이전트는 새로운 데이터를 즉시 반영해 전략을 재구성하고, 변화된 조건에서의 협상 성공률을 시뮬레이션한 후 그 결과를 사용자에게 제안한다(Kwon et al., 2024). 이처럼 AI는 학습-판단-실행 전 과정을 실시간 순환함으로써 인간이 도달할 수 없는 속도로 협상 능력을 진화시킨다.

짧은 시간에 협상 역량이 기하급수적으로 향상된다는 것은 단순 기술 우수성을 넘어 기업 경쟁력의 본질적 변화를 의미한다. 특히 경쟁이 치열하고 변동성이 높은 B2B 거래 환경에서, AI 협상 에이전트는 기업의 수익성과 리스크 대응력을 동시에 높여 주는 핵심 자산이 될 것이다. 즉 AI와 협력하는 조직일수록 더 빠르고 정확하며 효율적으로 협상이라는 고도의 의사결정을 수행할 수 있게 되는 것이다.

참고문헌

Bagga, P., et al.(2022.1.7). Deep learnable strategy templates for multi-issue bilateral negotiation. *ArXiv*, https://arxiv.org/abs/2201.02455

Fu, Y., et al.(2023.5.17). Improving language model negotiation with self-play and in-context learning from AI feedback. *ArXiv*, https://arxiv.org/abs/2305.10142

Kwon, D., et al.(2024.2.21). Are LLMs effective negotiators? Systematic evalation of the multifaceted capabilities of LLMs in negotiation dialogues. *ArXiv*, https://arxiv.org/abs/2402.13550

Li, M., et al.(2021.7.3). A data-driven method for recognizing automated negotiation strategies. *ArXiv*, https://arxiv.org/abs/2107.01496

Shonk, K.(2025.3.17). From agent to advisor: How AI is transforming negotiation. *Harvard law school, Daily Blog*, https://www.pon.harvard.edu/daily/negotiation-skills-daily/from-agent-to-advisor-how-ai-is-transforming-negotiation/

Renting, B. M., et al.(2024.6.21). Towards general negotiation strategies with end-to-end reinforcement learning. *ArXiv*, https://arxiv.org/abs/2406.15096

Vaccaro, M., et al.(2025.3.9). Advancing AI negotiations: New theory and evidence from a large-scale autonomous negotiations competition. *ArXiv*, https://arxiv.org/abs/2503.06416

07
SaaS 모델로 확장되는 협상 솔루션

AI 협상 에이전트를 모든 산업 도메인에 적용하기 위한 효율적 접근 방식으로, 표준화된 핵심 기술과 도메인 맞춤형 커스터마이징을 결합한 SaaS 구독형 모델을 제안한다. 이를 통해 기업은 협상 역량을 빠르게 확보하고, AI는 지속 학습으로 성능을 강화하며, 상호 시너지를 통해 시장 확장이 가능해진다.

AI와 운동주?

모든 산업에서 협상의 필요성

가격 협상은 특정 산업이나 일부 역할에 국한된 활동이 아니다. 제조, 유통, 건설, IT 서비스, 헬스케어, 공공 기관 등 거의 모든 산업군에서 기업 간 거래(B2B)나 기업-소비자 간 거래(B2C)의 핵심 접점에 협상이 놓여 있다(Cohen et al., 2025). 따라서 AI 협상 에이전트는 특정 산업만을 위한 전문 도구가 아니라, 다양한 산업 도메인 전반에 걸쳐 활용 가능한 범용 플랫폼으로 진화할 잠재력이 있다.

이런 관점에서 가장 중요한 포인트는 도메인 확장성이다. 협상 행위는 산업마다 표현 방식은 다르지만, 본질적 구조와 목적은 상당히 유사하다. 예컨대 유통업체 MD가 협력사와 상품 납품 단가를 조율하는 과정, 병원 구매 담당자가 의료 장비 업체와 협상하는 과정, IT 기업이 클라우드 서비스 공급자와 장기 계약을 협상하는 과정 등은 모두 AI 협상 에이전트가 적용될 수 있는 범위에 해당한다. 산업마다 특유의 용어와 조건이 있지만, "협상을 통해 가치를 극대화하고 리스크를 최소화한다"는 목적은 동일하다.

이런 공통 구조 덕분에 AI 협상 에이전트는 도메인별로 일부 시나리오만 커스터마이징하면 손쉽게 확장 적용이 가능하다. 특히 AI 모델이 협상 핵심 패턴, 상대 성향, 목표 마진율 등 범용 요소를 중심으로 학습되어 있다면, 새로운 도메인에 진입할 때 필요한 것은 산업별 특화 데이터의 적절한 조정뿐이다. 즉, 기반 기술은 유지한 채 인터페이스나 일부 시나리오만 조정함으로써 적은 비용과 시간으로도 도메인 확장이 가능하다는 뜻이다.

AI 협상 에이전트는 산업 특화라기보다 산업 중립적인 기술로 접근하는 것이 더 적합하다. 협상이 필요한 모든 곳에 AI가 들어갈 수 있다는 전제를 갖고, 초기에는 특정 산업에서 성공 사례를 만들어 레퍼런스를 쌓되 이후에는 다양한 도메인에 맞춤형으로 확장하는 전략이 바람직하다. 이를 통해 AI 협상 에이전트는 특정 산업에 국한된 도구가 아닌, 모든 산업의 비즈니스 협상력을 강화하는 범용 플랫폼으로 자리매김할 수 있을 것이다.

SaaS 구독 모델로 시장 확장

AI 협상 에이전트가 다양한 산업 도메인에 효과적으로 확산되려면, 기술적 완성도만큼 비즈니스 모델의 효율성이 중요하다. 아무리 우수한 기능의 솔루션도 도입 장벽이 높으면 시장에서 빠르게 확장되기 어렵기 때문이다. 이 지점에서 주목해야 할 것이 바로 SaaS(Software as a Service) 구독 모델이다. SaaS는 클라우드 기반으로 소프트웨어를 제공해 초기 구축비 없이 필요한 기능을 사용할 수 있게 해 주는 방식으로, 확장성과 지속 가능성 측면에서 가격 협상 솔루션의 상용화에 가장 적합한 구조를 제공한다(Barr, 2025).

첫 번째 이유는 확장성(Scalability)이다. AI 협상 에이전트는 다양한 산업과 기업 규모에 맞춰 제공되어야 하며, 때로는 빠른 배포와 즉각적 적용이 필요하다. SaaS 모델은 이러한 요구를 충족해 준다. 클라우드 기반 제공이므로 사용자 기업은 별도의 서버 구축 없이 웹이나 전용 앱을 통해 바로 솔루션에 접근할 수 있고, 신규 고객도 몇 번의 클릭만으로 계정을 생성해 즉시 활용할 수 있다.

두 번째는 지속 가능성(Sustainability)이다. 구독 모델은 사용자가 월별 또는 연 단위로 비용을 지불해 초기 구축 부담을 줄이고, 필요한 기간만큼 유연하게 서비스를 이용할 수 있게 한다(Vendr, 2022). 이는 특히 중소기업이나 협상 인력이 적은 조직에 매우 유리하다. 동시에 솔루션 공급자는 예측 가능한 반복 수익(Recurring Revenue) 기반으로 안정적 운영과 지속적 기능 개선을 추구할 수 있는 기반이 마련된다. 고객은 지속 업데이트

되는 최신 기능을 쓰고, 공급자는 실시간 고객 피드백을 반영해 서비스 품질을 높여 나갈 수 있다.

또한 SaaS 기반 AI 협상 에이전트는 사용자 규모나 산업 도메인에 따라 다양한 요금제와 기능 패키지를 제공할 수 있다. 예를 들어 협상 기능이 비교적 단순한 소규모 유통업체에는 기본형 패키지를, 복잡한 다국적 거래나 정교한 협상 시나리오가 필요한 대기업에는 프리미엄형 패키지를 제공하는 식이다.

특히 AI 협상 에이전트는 시간이 지날수록 학습 데이터를 축적해 점점 더 정교한 전략을 제시하게 되는데, 이런 점에서 SaaS 모델은 학습형 구독이라는 가치를 창출할 수 있다. 사용 기간이 길어질수록 AI가 해당 기업에 최적화된 협상 전략을 제공하므로, 고객 입장에서는 구독을 중단할 이유가 줄어들고, 공급자 입장에서는 장기 고객을 유지할 수 있는 구조가 만들어진다.

또한 SaaS 기반 협상 솔루션은 다양한 시스템과의 API 연동 및 통합이 용이한 장점도 있다. 전사적 자원 관리(ERP), 고객 관계 관리 마케팅(CRM), 전자 계약 시스템 등 기존 기업용 소프트웨어와 쉽게 연결해 협상 데이터를 자동 불러오거나, 협상 결과를 실시간 반영할 수 있다. 이는 업무 프로세스의 자동화와 생산성 향상으로 이

어져 솔루션의 가치와 활용도를 크게 높여 준다.

표준화와 맞춤화의 균형

AI 협상 에이전트가 다양한 산업 도메인에 성공적으로 안착하려면 두 가지 상반된 요구를 동시에 만족시켜야 한다(Shuliak, 2024). 바로 표준화와 커스터마이징이다. 언뜻 상충되는 개념 같지만, 실무 성과를 내기 위해서는 이 둘 간의 균형 있는 설계가 핵심 전략으로 작용한다.

우선 표준화의 중요성을 살펴보자. 협상 활동은 산업마다 표현 방식은 다르지만 구조적 패턴에는 공통점이 많다. 예를 들어 "요청 → 응답 → 양보 → 재응답 → 타결"이라는 협상 흐름은 제조업이든 유통업이든 기본적으로 유사하다. 또한 가격, 납기, 수량, 보증 조건 등 협상의 주요 변수도 대부분 산업에서 큰 틀을 공유한다. 따라서 AI 모델의 핵심 알고리즘은 산업에 상관없이 표준화할 수 있다. 이는 개발 측면에서 매우 중요하다. 솔루션 공급자는 동일 핵심 엔진을 기반으로 여러 도메인에 빠르게 확장 적용할 수 있고, 유지 보수와 기능 업그레이드도 통일된 방식으로 수행할 수 있기 때문이다. 이로써 비용 절감과 품질 관리라는 두 마리 토끼를 잡을 수 있다.

그러나 AI 협상 에이전트가 실무에 바로 활용되려면 커스터마이징 또한 필수적이다. 산업군마다 사용자 협상 방식, 용어, 우선순위, 핵심성과지표(KPI) 등이 다르기 때문이다. 예컨대 병원에서는 응급 납품이 협상의 중요 요소일 수 있지만, 건설업에서는 계약 이행 보증이 더 중요한 이슈일 수 있다. 유통업에서는 시즌성 재고와 물류비가 협상의 핵심 변수가 되기도 한다. 따라서 AI가 학습하는 데이터세트나 협상 시나리오, 사용자 인터페이스(UI)는 고객의 산업과 업무 환경에 맞춰 세밀하게 조정되어야 한다. 이것이 바로 커스터마이징이 필요한 이유다.

문제는 표준화와 커스터마이징이 충돌 없이 조화롭게 작동해야 한다는 점이다. 이를 위해 가장 효과적인 방법은 모듈형 아키텍처를 도입하는 것이다. AI 협상 솔루션을 핵심 모듈과 도메인 확장 모듈로 나누고, 고객사 요구에 따라 필요한 모듈만 조립하듯 추가하는 방식이다(Contract Logix, 2024). 예컨대 전략 생성 엔진, 대화 시나리오 관리, 상대 성향 분석, 성과 지표 시각화 등은 공통 모듈로 제공하고, 산업 특유의 조건이나 변수, 용어는 플러그인 형태로 삽입할 수 있게 설계하는 것이다. 이렇게 하면 하나의 플랫폼 내에서 유연한 커스터마이징을 구현하면서도 전체 시스템의 표준화는 유지할 수 있다.

이러한 균형 전략은 사용자 만족도를 높이는 데도 큰 도움이 된다. 표준화된 기능 덕에 빠른 도입과 안정적 운영이 가능하고, 동시에 커스터마이징 덕분에 실제 업무에 밀착된 협상 도구로 활용할 수 있기 때문이다. 더불어 산업을 전환하거나 사업을 확장할 때에도 기존 AI 모델 구조를 유지한 채 최소 수정만으로 새로운 도메인에 진입할 수 있어, 시장 확장성과 투자 대비 효과도 극대화할 수 있다.

AI 협상 구독 모델의 미래

오늘날 기업의 디지털 전환은 단순 자동화를 넘어 협상 같은 고차원 의사결정 활동까지 AI가 지원하는 단계로 나아가고 있다. 그 중심에는 서비스로서의 협상(Negotiation as a Service) 개념이 있다. 이는 협상 기능 자체를 하나의 구독형 디지털 서비스로 제공한다는 뜻으로, 전통 협상 방식과 차별화된 AI 기반 협상 전략의 미래 모델을 제시한다.

AI 협상 에이전트는 협상 전 과정을 구조화된 데이터로 분석하고, 반복 가능한 전략을 제시하며, 다양한 변수를 고려한 예측 기반 시나리오를 실시간으로 제공한다.

이처럼 협상이라는 고부가가치 활동이 클라우드 기반 구독 서비스로 제공될 수 있다는 점에서, 기업들은 협상 역량을 외부에서 빌려오는 새로운 선택지를 갖게 된 것이다(CloudNuro.ai, 2025).

협상을 서비스로 제공한다는 개념이 현실화하려면, AI가 협상 전 과정에 능동적 개입할 수 있어야 한다. 예컨대 사용자나 협상자가 입력한 조건을 분석해 어떤 전략으로 접근할지 제안하고, 협상 흐름에서 상대 반응을 분석해 실시간으로 다음 질문을 추천하거나 성공 확률을 예측해 협상 종료 시점을 알려 주는 등의 기능이 포함된다. 이러한 기능들은 단순한 자동화 도구가 아니라, 지능형 협상 파트너로서의 역할을 수행하게 한다.

구독형 AI 협상 에이전트는 이러한 기술을 서비스화해 손쉽게 활용할 수 있게 만든다. 기업은 복잡한 시스템을 직접 개발하거나 운영할 필요 없이, 월간 혹은 연간 구독을 통해 AI 협상 에이전트의 핵심 기능을 곧바로 이용할 수 있다(Reddy, 2024). 사용자는 자기 도메인에 맞는 협상 시나리오를 선택하거나 조정할 수 있고, 매 협상에서 AI 누적 데이터에 기반한 더 정교한 전략을 제공하게 된다. 시간이 지날수록 고객은 더 높은 협상 성과를 얻고, 이는 다시 AI의 학습에 기여해 솔루션 전체 품질을 끌어올리는 구조다.

이 모델은 협상 역량의 민주화(democratization)를 가능하게 한다. 과거에는 대규모 조직이나 숙련된 전문 인력만 강력한 협상 전략을 구사할 수 있었지만, 이제는 소규모 기업이나 경험이 적은 협상자도 AI를 통해 경쟁력 있는 협상 결과를 도출할 수 있다. 이는 전 산업의 협상 품질을 상향 평준화하는 긍정적 결과를 낳는다.

또한 AI 협상 에이전트는 단기 성과뿐 아니라 장기 전략 수립에도 기여할 수 있다. 고객별 협상 패턴, 상대 성향, 성공률 등의 데이터가 누적됨에 따라 기업은 이를 기반으로 향후 구매 전략, 가격 정책, 파트너 관리 전략까지 수립할 수 있는 인사이트를 얻는다. 협상은 그때그때 대응하는 일이 아니라, 데이터 기반 전략 관리의 한 축으로 자리 잡게 되는 것이다.

마지막으로 구독형 협상 솔루션은 글로벌 확장성 측면에서도 큰 강점을 지닌다. 다국적 기업의 경우 언어와 문화가 다른 다양한 시장에서 협상이 이뤄진다. AI 협상 에이전트는 다국어 대응, 지역별 협상 스타일, 국가별 규제를 반영한 전략을 제공함으로써, 글로벌 협상의 표준화와 현지화라는 두 과제를 동시에 해결할 수 있다. 이는 해외 공급망 관리, 국제 조달, 글로벌 파트너십 운영에서 큰 경쟁력을 제공한다.

참고문헌

Barr, A.(2025.4.24). AI is changing how software companies charge customers. Welcome to the pay-as-you-go future. *Business Insider,* https://www.businessinsider.com/saas-ai-changing-how-software-companies-charge-customers-2025-4

CloudNuro.ai(2025.2.21). Mastering SaaS negotiation, https://www.cloudnuro.ai/blog/mastering-saas-negotiation

Cohen, G. L., et al.(2025.2.28). Trends in negotiating with software-as-a-service providers. Polsinelli Law Firm, https://www.polsinelli.com/publications/trends-in-negotiating-with-software-as-a-service-providers

Contract Logix(2024.3.4). What to consider when negotiating SaaS contracts, https://www.contractlogix.com/contract-management/negotiating-saas-contracts/

Reddy, R.(2024.4.29). How to Negotiate SaaS Contracts?, Zluri, https://www.zluri.com/blog/how-to-negotiate-saas-contracts

Shuliak, M.(2024.2.7). 10 best strategies to scale your SaaS business and software. *Acropolium,* https://acropolium.com/blog/scale-saas/

Vendr(2022.1). How to negotiate a SaaS contract, https://www.vendr.com/blog/negotiating-saas-contracts

08
사용자 경험 중심의 UI/UX 설계

AI 협상 에이전트를 현장에서 효과적으로 활용하려면 뛰어난 UX을 제공하는 것이 핵심이다. 직관적 UI를 구축하고, 다양한 환경에서도 높은 접근성을 보장해야 한다. 협상 진행 중 발생하는 반응을 실시간 피드백으로 반영해 지속적으로 시스템을 개선하고, 개별 사용자나 기업의 요구에 맞게 맞춤형 설계를 적용함으로써 최적의 협상 성과를 이끌어 내야 한다. UX 중심의 접근은 협상자가 AI 에이전트를 신뢰할 수 있는 파트너로 받아들이고, 협상 결과의 만족도와 성과를 높이는 밑바탕이다.

AI와 한의학?

직관적인 UI와 협상 효율성

사용자 인터페이스(UI)의 직관적 설계는 협상자의 활용도를 좌우하는 가장 중요한 요소 중 하나다. 직관적인 UI란 별도의 복잡한 교육이나 학습 없이도 사용자가 시스템을 쉽게 이해하고 바로 사용할 수 있는 인터페이스를 말한다. 특히 방대한 데이터 분석과 복잡한 알고리즘이 결합된 AI 협상 에이전트에서는 UI의 직관성이 더욱 중요해진다(Xu, 2024).

직관적인 UI를 구현하기 위해서는 명확한 정보 전달과 간결한 사용자 중심 디자인이 필수적이다. AI 협상 에이전트는 실시간으로 수많은 데이터를 처리해 협상 진행 상황, 결과 예측, 전략 추천 등 다양한 정보를 제공한다. 이러한 정보를 한눈에 알아볼 수 있게 시각화해 보여주는 것이 중요하다. 예를 들어 사용자의 제안 가격이 우리의 목표 가격이나 시장 기준과 얼마나 차이가 나는지를 성공률 표시 인디케이터로 나타내면, 협상자는 현재 협상 가능성이 어느 정도인지를 즉각 파악할 수 있다. 성공률이 80% 이상으로 표시되면 협상이 거의 타결 단계임을 알 수 있고, 30% 미만으로 표시되면 전략 수정이나 추가 양보가 필요함을 시사한다.

또한 UI는 사용자가 원하는 정보를 빠르게 찾을 수 있도록 구성되어야 한다. 메뉴 구조는 논리적으로 명확해야 하고, 주요 기능은 최소한의 클릭으로 접근 가능하도록 단순화하는 것이 바람직하다. 예컨대 협상 현황, 제안 이력, 사용자 심리 분석 결과 등 핵심 정보는 한 화면에서 통합적으로 보여 주는 것이 좋다. 별도의 화면 전환 없이도 필요한 정보를 조회할 수 있다면 협상자는 시간 지연 없이 대응 전략을 세울 수 있다.

결과적으로 직관적인 UI는 AI 협상 에이전트와 사용자가 원활히 소통하도록 함으로써 협상 과정을 효율적으로 이끌어 내는 결정적 도구가 된다. 사용자는 UI를 통해 필요한 정보를 스트레스 없이 얻고, AI의 지원을 즉각적으로 받아 대응함으로써 협상의 속도와 정확성을 높일 수 있다. 이는 곧 더 나은 협상 성과로 이어지며, 사용자로 하여금 AI 에이전트를 협상의 든든한 조력자로 인식하게 만든다.

다양한 사용자 환경에서의 높은 접근성

AI 협상 에이전트가 기술적으로 아무리 뛰어나도 접근성이 떨어지면 사용자는 적극적으로 활용하지 않게 된다. 따라서 어떤 사용자라도 특별한 제약 없이 쉽게 시스템을 이용할 수 있도록 높은 접근성을 보장하는 것이 필수적이다. 크로스 플랫폼 지원은 이러한 접근성의 첫걸음이다. PC, 노트북, 스마트폰, 태블릿 등 어떤 기기에서 접속하더라도 동일한 성능과 사용 편의를 제공해야 한다. 이를 위해 반응형 웹 디자인 등을 통해 화면 크기나 해상도가 달라져도 정보가 잘 보이고 조작이 용이하도록 설계해야 한다. 어떤 환경에서도 UI 구성과 기능이 일관되게 유지되면 사용자는 익숙한 방식으로 시스템을 활용할 수 있어 편리하다.

사용자층의 다양성도 고려해야 한다. 기술 숙련도가 낮은 초보자부터 최신 도구에 능숙한 전문가까지 모두가 쉽게 쓸 수 있어야 진정한 접근성이 확보된다. 이를 위해 인터페이스를 최대한 단순하고 친숙하게 디자인하고, 필수 기능 위주로 초기 화면을 구성하는 것이 좋다.

접근성이 높은 AI 협상 에이전트는 사용자 만족도와 협상 성과를 동시에 극대화한다. 누구나 쉽고 빠르게 협상 전략을 수립·실행할 수 있으므로 조직 전체의 협상 효율이 향상되고, 결과적으로 AI 에이전트에 대한 신뢰와 활용도도 높아진다. 사용자는 편리하고 스트레스 없는 경험을 통해 협상에 집중할 수 있고, 기업은 보다 많은 인력이 AI 협상 도구를 활용함으로써 일관된 성과를 얻을 수 있다. 결국 높은 접근성은 AI 협상 에이전트 도입의 성공을 가늠하는 중요한 기준이 되며, 이를 갖춘 시스템만이 현장에서 꾸준히 활용될 수 있다.

실시간 피드백 관리

사용자가 AI 협상 에이전트를 실제 협상에 활용하면서 제공하는 피드백은 시스템 성능을 개선하고 사용자 경험을 향상하는 핵심 열쇠다. 효과적인 피드백 관리는 협상 진행 중에 나타나는 사용자 반응과 협상 결과 데이터를 실시간으로 분석해 즉각적으로 시스템에 반영하는 것을 말한다. 이러한 실시간 피드백 루프를 구축하면 AI 협상 에이전트는 학습과 개선을 지속적으로 수행할 수 있다.

피드백 관리의 첫 단계는 사용자가 손쉽게 의견을 제출할 수 있는 창구를 마련하는 것이다. 협상이 끝난 직후 간단한 설문이나 의견을 남길 수 있게 할 수 있다. 예를 들어, 협상 결과 화면에 몇 가지 선택형 질문으로 시스템에 대한 평가를 입력하게 하는 방식이다. 이렇게 하면 사용자가 번거로움 없이 즉각적인 의견을 제공할 수 있고, 더 자세한 피드백이 필요한 경우를 위해 자유롭게 의견을 적는 난도 함께 제공한다. 중요한 것은 이 과정이 사용자에게 부담이나 방해가 되지 않도록 하는 것으로, 직관적이고 짧은 피드백 절차를 통해 참여율을 높일 수 있다.

수집된 피드백은 정량적 데이터와 정성적 데이터로 구분해 분석하는 것이 유용하다. 정량적 데이터는 선택형 설문 통계, 추천 전략 성공률 등의 숫자 정보를 포함하고, 정성적 데이터는 사용자가 자유 형식으로 남긴 의견이나 요구 사항 등의 텍스트 정보를 포함한다. 반복 패턴이나 공통 요구 사항을 우선순위화해 업데이트에 반영하면 사용자들의 주요 불만을 해소하고 시스템을 빠르게 발전시킬 수 있다.

실시간 분석 및 조치도 중요하다. 협상 중에 제공된 피드백(예: 협상 성공률)은 가능하면 즉시 반영해 다음 대응에 활용될 수 있어야 한다. 예컨대 협상 성공률이 "10%"라는 피드백을 실시간으로 주었다면, AI 에이전트는 이를 학습해 곧바로 대안을 제시하거나 협상 전략을 수정할 수 있어야 한다(Vaithilingam et al., 2024). 물론 모든 피드백을 즉각 반영하는 데에는 한계가 있지만, 핵심은 시스템이 학습을 게을리하지 않고 지속적으로 진화한다는 인상을 주는 것이다. 이를 위해 AI 에이전트는 온라인 학습 기술 등을 통해 새로운 데이터를 빠르게 소화하고 알고리즘을 개선하도록 설계되어야 한다.

개인화된 맞춤형 협상 경험

맞춤형 설계는 사용자 경험을 최적화하는 핵심 전략으로, 개별 사용자의 협상 환경과 요구사항에 따라 AI 협상 에이전트의 기능과 인터페이스를 개인화하여 제공하는 방식을 의미한다. 이는 모든 사용자에게 동일한 서비스를 일괄적으로 제공하는 대신, 각 기업과 사용자의 고유한 협상 특성과 요구사항을 깊이 이해하고 이를 시스템에 반영함으로써 협상 효율성과 사용 만족도를 크게 향상한다(Yang et al., 2020).

맞춤형 설계의 첫 번째 단계는 사용자의 프로필과 협상 성향을 세부적으로 분석하는 것이다. AI 시스템은 사용자의 과거 협상 데이터를 분석하여 개별 협상자의 스타일, 선호하는 전략, 가격 민감도 등을 파악한다. 이를 통해 사용자가 가장 필요로 하는 전략적 지원을 미리 파악하고, 협상 과정에서 보다 정확하고 실질적인 추천을 제공할 수 있다.

두 번째 단계는 협상 조건과 목표의 맞춤화다. 기업마다 협상 과정에서 중요하게 여기는 조건과 목표가 다르기 때문에, AI 시스템은 각 기업이 설정한 우선순위와 목표를 명확히 반영하여 협상 전략을 구성한다. 예를 들어 특정 기업은 단기 비용 절감을 우선시할 수도 있고, 다른 기업은 장기적인 관계 형성과 신뢰 구축을 중시할 수도 있다. AI는 이러한 개별 목표를 기반으로 차별화된 전략과 협상 가이드를 제안한다.

세 번째는 인터페이스의 개인화다. 사용자의 협상 성향과 습관에 따라 인터페이스 내에서 중요한 정보를 다르게 배열하고 강조하는 방식이다(Noh & Chang, 2024). 예컨대 데이터 중심적이고 논리적인 사용자를 위해 수치적 데이터를 중심으로 인터페이스를 구성하고, 관계 중심적이고 감정적인 사용자를 위해서는 협상 상대의 심리 분석이나 감정적 지표를 더 강조하여 보여 준다.

마지막으로, 맞춤형 설계는 사용자가 제공하는 실시간 피드백을 바탕으로 계속 진화하고 개선된다. 사용자가 협상 과정에서 제공하는 피드백을 즉시 반영하여 AI 시스템이 제공하는 협상 전략을 지속적으로 조정함으로써, 사용자는 점차 더욱 정확하고 만족스러운 협상 결과를 경험하게 된다.

맞춤형 설계를 통해 AI 협상 에이전트는 사용자의 고유한 특성과 요구를 충족하며, 사용자 개인의 협상 성과와 전반적인 협상 효율성을 극대화할 수 있다. 이는 궁극적으로 협상 시스템의 만족도와 신뢰도를 높이는 결정적인 역할을 한다.

참고문헌

Noh, S. & Chang, H. C. H.(2024.5.8). LLMs with personalities in multi-issue negotiation games. *ArXiv,* https://arxiv.org/abs/2405.05248

Vaithilingam, P., et al.(2024.7.1). Imagining a future of designing with AI: Dynamic grounding, constructive negotiation, and sustainable motivation. ACM Designing Interactive Systems Conference, pp.289-300, https://dl.acm.org/doi/10.1145/3643834.3661525

Xu, W.(2024.3.3). A 'user experience 3.0(UX 3.0)' paradigm framework: User experience design for human-centered AI systems. *ArXiv,* https://arxiv.org/abs/2403.01609

Yang, R., et al.(2020). *Improving Dialog Systems for Negotiation with Personality Modeling.*

09
윤리적 AI 협상 운영 전략

AI 협상 에이전트를 윤리적으로 운영하기 위한 전략을 살펴본다. 준수해야 할 윤리 기준을 명문화한 윤리 프레임워크를 구축하고, 알고리즘 설계 단계에서부터 편향과 불공정성을 배제하는 방안을 모색한다. AI의 데이터 처리 과정의 투명성을 높여 사용자 신뢰를 확보하고, 지속 가능한 윤리적 관리 체계를 마련하는 전략을 논의한다. AI 협상 에이전트의 신뢰성과 사회적 책임성을 높여 기업이 안심하고 활용할 수 있는 협상 도구로 자리매김하도록 하는 것이 목표다.

AI와 화장품?

AI 협상 윤리 프레임 구축

협상 과정에서 AI가 자동으로 다양한 결정을 내리고 전략을 추천하는 시대인 오늘날, AI가 내리는 판단과 행동이 윤리적으로 적절하도록 관리할 명확한 기준이 필요하다. 이를 위해 기업은 AI 협상 에이전트에 적용할 윤리 원칙들을 명시하고, 시스템 개발과 운영 전반에 걸쳐 이 원칙이 일관되게 적용되도록 해야 한다.

윤리 프레임을 설계할 때 특히 중시되는 요소로 공정성, 투명성, 책임성, 개인정보 보호 등을 들 수 있다. 먼저 공정성(fairness)은 AI 협상 에이전트가 어느 일방에게만 유리하게 작동하지 않고 균형 잡힌 이익을 도모하도록 하는 것이다. 협상은 쌍방의 이익이 걸린 상호작용이므로, AI가 특정 편향된 데이터나 규칙 때문에 한쪽에게 불리한 결정을 내리지 않도록 해야 한다. 예를 들어, AI가 과거 데이터에서 학습한 결과 가격 협상에서 항상 공급자에게 유리한 제안을 생성한다면, 이는 공정성을 해칠 수 있다. 따라서 알고리즘 훈련 시 다양한 협상 사례와 관점을 반영하고, 결과의 편향 여부를 지속적으로 검증해야 한다(Yu et al., 2018).

투명성(transparency)은 AI의 의사결정 과정이 사용자나 이해관계자에게 이해 가능한 형태로 공개되어야 함을 뜻한다. 사용자는 AI가 왜 그런 협상 전략이나 조건을 제안했는지 그 근거와 데이터 출처를 알 수 있어야 한다. 예컨대 AI 협상 에이전트가 특정 가격을 최적 제안으로 추천했다면, 그 판단이 어떤 시장 데이터와 기준에 따른 것인지 설명할 수 있어야 한다. 이러한 투명성은 사용자가 AI를 신뢰하고 협력적 관계를 유지하는 데 필수적이다. AI 협상 에이전트가 마치 "블랙박스"처럼 이해할 수 없는 존재가 아니라, 합리적인 판단을 내리는 도우미로 여겨져야 장기적으로 함께 일할 수 있기 때문이다.

책임성(accountability)은 AI 협상 에이전트의 판단과 그 결과에 대한 명확한 책임 주체를 설정하는 것을 의미한다. 만약 AI 시스템의 오류나 예기치 못한 결정으로 문제가 발생했을 때 누가 그 책임을 질 것인지 정해져 있어야 한다. 예를 들어 AI가 잘못된 데이터로 인해 사용자를 크게 자극하는 제안을 해서 협상이 결렬됐다면, 이에 대한 책임이 시스템 개발자나 운영자에게 있는지, 아니면 해당 AI를 활용한 협상 당사자에게 일부 있는지 등의 문제가 제기될 수 있다. 이러한 상황에 대비해 기업은 윤리적 거버넌스 체계를 마련해야 한다. AI 사용 정책에 책임 소재를 명시하고, 문제가 발생하면 어떻게 대응할지 프로세스를 수립하는 것이다(Kim et al., 2021).

마지막으로 개인정보 보호(privacy)는 AI 협상 에이전트 윤리의 가장 민감한 부분 중 하나다. 협상 과정에서는 가격, 거래 조건뿐 아니라 고객 정보, 기업의 전략 등 민감한 데이터가 다뤄질 수 있다. 이러한 정보가 AI 시스템에 입력되고 처리되는 만큼, 정보 유출이나 오남용을 막는 강력한 보호 장치가 필수적이다. 개인정보 보호 조치를 철저히 준수하면 사용자와 파트너 기업들은 안심하고 AI 협상 도구를 사용할 수 있고, AI 시스템도 사회적으로 받아들여질 수 있다.

편향과 불공정을 배제한 AI 설계

AI 협상 에이전트를 개발할 때는 초기부터 편향(bias)과 불공정성이 개입될 여지를 최소화해야 한다. 만약 알고리즘이나 데이터에 편향이 숨어 있다면, 결과적으로 AI의 협상 결정이 특정 집단에 유리하거나 불리하게 작용해 공정성을 해칠 수 있다. AI가 내린 판단이 협상 당사자들에게 신뢰받으려면, 모든 사용자와 이해관계자에게 균등한 기준을 적용해야 한다는 원칙이 지켜져야 한다. 목표는 협상 상황에서 누구에게나 공정한 결과를 제공하는 AI를 만드는 것이다.

첫 번째로, 데이터 단계에서의 편향 제거가 중요하다.

AI 협상 에이전트를 학습시키는 데이터세트는 가능하면 다양한 출처와 상황을 포함하도록 구축해야 한다. 특정 산업, 지역, 규모의 사례에 치우치지 않도록 하고, 과거 편향된 협상 관행이 있었다면 그런 데이터는 보완하거나 제거하는 노력이 필요하다. 또한 AI가 학습하는 동안에도 편향이 발생하지 않도록 지속적인 모니터링과 조정이 필요하다. 학습 과정에서 한 가지 유형의 협상 상황에 지나치게 최적화되거나 특정 조건에 편중되는 경향이 나타나면 즉시 수정해 균형을 유지해야 한다.

두 번째로, 의사결정 프로세스의 투명하고 공정한 설계가 요구된다. AI가 어떤 근거로 협상 전략을 추천하는지 명확히 공개할 수 있어야 하며, 그 과정에 편향이 개입되지 않도록 해야 한다(Dignum, 2019). 예를 들어 AI가 "현재 상황에서 추가 할인은 바람직하지 않다"라고 판단했다면, 어떤 데이터와 규칙을 근거로 그렇게 결정했는지 설명할 수 있어야 한다. 이러한 설명 가능한 AI 구조를 도입하면 사용자가 AI의 판단을 이해하고 신뢰하는 데 도움이 된다. 이런 투명한 프로세스는 AI 협상 에이전트가 공정하게 작동하고 있음을 수시로 검증할 수 있게 해 준다.

또한 결과의 공정성을 보장하는 것도 중요하다. AI 협상 에이전트는 협상 당사자 중 어느 한쪽의 이익만 극대화해서는 안 된다. 시스템은 협상 과정에서 쌍방의 이익을 균형 있게 고려해 모두 수용할 만한 합의를 찾도록 설계되어야 한다. 특히 시장 지위나 협상력이 약한 쪽(예를 들어 신생 기업이나 영세 업체)이 있을 경우, AI가 이들의 약점을 지나치게 활용해 불리한 조건을 강요하는 일이 없도록 해야 한다.

마지막으로, 공정성 유지에 대한 지속적인 검증과 개선 프로세스를 마련해야 한다. AI 협상 에이전트의 공정성은 한 번 맞추고 끝날 문제가 아니라 운영 내내 주기적으로 점검하고 개선해야 할 과제다. 실제 협상 현장에서 AI를 사용하면서 예기치 못한 편향이나 불만이 나타날 수 있으므로, 이를 실시간 모니터링하고 필요하면 즉각 조치하는 윤리 감사 팀이나 평가 시스템을 갖추는 것이 좋다. 정기적으로 협상 결과들을 분석해 특정 집단이 지속적으로 불리한 결과를 얻고 있지는 않은지 살펴보고, 만약 그런 징후가 발견되면 원인을 파악해 알고리즘을 수정해야 한다. 이러한 지속적 관리를 통해 AI 협상 에이전트의 공정성은 시간이 지나도 흔들림 없이 유지되고 오히려 강화될 것이다.

데이터 처리의 투명성 보장

데이터 투명성은 AI 협상 에이전트를 윤리적으로 운영하는 데 또 하나의 핵심 축이다. 여기서 투명성이란 AI가 의사결정을 내리는 데 사용한 데이터의 출처와 처리 방법을 명확히 밝히고 설명하는 것을 의미한다. AI 협상 에이전트는 본질적으로 대량의 데이터를 수집·분석해 작동하기 때문에, 그 데이터가 어디서 왔고 어떻게 활용되었는지 투명하게 공개되지 않으면 사용자 입장에서 결과를 신뢰하기 어렵다.

데이터 투명성을 확보하는 첫걸음은 AI가 사용하는 데이터의 출처와 품질을 공개하는 것이다. 협상 전략 수립에 참고한 데이터가 어떤 경로로 수집되었고, 어떤 기준으로 선정되었는지 명시해야 한다. 또한 그 데이터가 최신 정보인지, 신뢰할 만한지에 대한 설명도 필요하다. 사용자는 이러한 정보를 통해 AI의 분석과 추천이 신선하고 정확한 자료에 근거하고 있음을 확인할 수 있다. 예를 들어 "이 협상 조건에 대한 권고는 지난 1년간 유사 산업에서 체결된 50건의 계약 데이터를 분석한 결과입니다"라고 밝히면, 사용자는 AI 제안의 맥락을 이해하고 받아들이기가 쉬워진다.

다음으로, 데이터 처리 및 분석 과정 자체의 투명성도

중요하다. AI 시스템이 입력 데이터를 어떻게 가공하고 어떤 알고리즘으로 협상 전략을 도출했는지 설명할 수 있어야 한다. 이를 위해 가능하면 AI의 의사결정 경로를 시각화하거나, 주요 의사결정 단계마다 어떤 데이터 포인트가 영향을 미쳤는지 보여 줄 수 있다(European Commission, 2019).

데이터 처리의 투명성은 결국 AI 협상 에이전트에 대한 신뢰와 안정성을 확보하는 기본 조건이다. 데이터를 투명하게 다루는 AI 시스템은 사용자에게 신뢰를 얻을 수 있고, 결과에 대한 불필요한 의심이나 논란을 줄인다. 또한 기업 입장에서도 투명한 운영은 규제 대응과 사회적 평판 관리에 이점이 된다. 데이터를 투명하게 다루는 원칙을 철저히 지킴으로써 AI 협상 에이전트는 장기간 신뢰 관계를 유지하며 책임 있는 AI 기술로 인정받게 될 것이다.

지속 가능한 윤리적 관리

AI 기술은 나날이 발전하고 있으며, 협상과 같이 민감한 분야에 AI를 적용할 때는 윤리적 위험과 책임에 각별한 주의가 필요하다. 따라서 AI 협상 에이전트를 한 번 도입했다고 끝나는 것이 아니라, 도입 이후에도 윤리 기준을 지속적으로 준수하고 관리하는 거버넌스 체계가 필수적이다.

먼저 명확한 윤리 지침과 기준의 수립이 선행되어야 한다. 조직 내에서 AI 시스템과 관련된 의사결정자들이 따라야 할 윤리 강령을 정해 두고, 이를 일상적인 운영 절차에 녹여 내는 것이 중요하다. 예컨대 "AI는 협상에서 인간의 결정을 보조하되, 최종 책임은 인간에게 있다"거나 "AI의 의사결정은 투명하게 공개한다" 같은 원칙을 문서화하는 것이다. 그리고 이러한 지침이 현장에서 제대로 지켜질 수 있도록 관리 체계를 구축해야 한다(Wallach & Allen, 2009). 이러한 관리 체계는 문제가 발생하기 전에 징후를 포착하고, 신속히 대응할 수 있게 해 준다.

윤리적 관리의 또 다른 핵심은 앞서 언급한 책임성의 구현이다. AI 협상 에이전트와 관련해 윤리적 문제가 발생하거나 외부에서 비판이 제기될 경우, 이에 대한 책임 소재를 명확히 하고 신속하게 대응하는 절차가 있어야 한다. 잘못을 은폐하기보다 공개적으로 인정하고 개선 계획을 밝히는 편이 장기적 신뢰를 위해 바람직하다. 이러한 책임 있는 태도는 AI 기술을 둘러싼 불신을 해소하고, 오히려 기업의 신뢰도를 높이는 효과를 가져올 수 있다.

또한 이해관계자의 참여와 소통을 적극 장려해야 한다. AI 협상 에이전트의 사용자 등 이해관계자들이 윤리적 우려나 의견을 제시할 수 있는 채널을 개설해 두는 것이 좋다. 특히 윤리적 이슈는 내부자보다 외부자의 시선에서 발견되기도 하므로, 열린 자세로 외부 목소리를 받아들이는 것이 중요하다.

결국 윤리적 관리는 AI 협상 에이전트의 지속 가능한 발전과 사용자 신뢰 확보를 위한 필수 요소다. 기술이 아무리 뛰어나도 윤리적 문제가 빈발하면 사용자는 등을 돌리게 마련이다. 반대로 윤리적으로 철저히 관리되는 AI는 시간이 지날수록 신뢰받는 윤리적 기술로 자리 잡게 된다. 이는 기업의 평판을 보호하고 규제에도 안정적으로 대응하게 해 주며, AI 협상 에이전트를 사용하는 모든 이해관계자의 이익을 균형 있게 보장하는 길이기도 하다. 윤리적 토대 위에 구축된 AI 협상 에이전트야말로 기업과 사회 모두에 환영받으며 오래도록 활용되는 성공적 혁신이 될 것이다.

참고문헌

Dignum, V.(2019). *Responsible artificial intelligence: How to develop and use AI in a responsible way.* Springer Nature.

European Commission(2019.4.8). Ethics guidelines for trustworthy AI, https://digital-strategy.ec.europa.eu/en/library/ethics-guidelines-trustworthy-ai

Kim, T. W. et al.(2021.3.9). When is it permissible for artificial intelligence to lie? A trust-based approach. *ArXiv,* https://arxiv.org/abs/2103.05434

Wallach, W. & Allen, C.(2009.1.1). *Moral machines: Teaching robots right from wrong. Oxford academic,* https://academic.oup.com/book/10768

Yu, H. et al.(2018.12.7). Building ethics into artificial intelligence. *ArXiv,* https://arxiv.org/abs/1812.02953

10
글로벌 시장을 위한 현지화 전략

AI 협상 에이전트의 해외 진출을 위한 현지화 전략을 살펴본다. 먼저 국가별 비즈니스 환경과 협상 문화를 고려한 시장 진입 전략을 수립하고, 각 지역의 특수성을 반영하는 문화적 적응 방안을 모색한다. 또한 현지 고객의 요구에 부응하도록 AI 시스템을 맞춤형으로 조정하는 방법과, 현지 파트너와의 협력 파트너십을 통해 신뢰를 구축하고 장기적 성장을 이루는 전략을 제시한다. 이러한 통합적 현지화 전략을 통해 AI 협상 에이전트가 글로벌 무대에서도 효과적으로 정착하고 운영될 수 있을 것이다.

종교와 AI?

글로벌 시장 진입 전략 수립

시장 진입 전략(market entry strategy)은 새로운 국가나 지역에 도입할 때 취하는 전반적인 접근 계획을 말한다. 국가마다 협상 문화, 비즈니스 환경, 기술 수용도가 다르기 때문에, 성공적인 진출을 위해서는 현지의 고유한 특성과 요구를 면밀히 분석해 반영해야 한다. 우선 진출을 고려하는 시장에 대한 철저한 조사와 분석이 출발점이다. 해당 국가의 경제 상황, 경쟁 구도, 관련 법규와 규제, 잠재 고객 특성 등을 종합적으로 파악함으로써 AI 협상 에이전트가 안착할 수 있는 기반을 마련한다. 이러한 시장 조사 결과는 진출 전략의 방향성을 결정하는 중요한 근거가 된다(Khanna & Palepu, 2010).

시장 진입 전략을 수립할 때 고려해야 할 요소 중 하나는 현지 비즈니스 문화와 기술 수용도에 따른 접근 방식의 차별화다. 예컨대 기술 친화적이고 데이터 중심 의사결정이 익숙한 국가에서는 AI 협상 에이전트의 효율성과 자동화를 강조하는 메시지가 효과적일 수 있다. 반면 인간관계와 신뢰 구축을 중시하는 비즈니스 문화권에서는 AI가 협상 인력을 대체하는 존재가 아니라 협상을 보조하고 강화하는 도구임을 부각하는 접근이 필요하다. 한 국가에서는 "AI를 활용한 빠른 협상"을 슬로건으로

내걸고, 다른 국가에서는 “AI로 더 현명한 협상 결정”처럼 문화적 코드에 맞는 표현을 쓰는 식이다. 현지화된 마케팅과 메시지 전략은 게마왓(Ghemawat, 2001)의 지적대로 거리감을 줄이고 현지 시장에 파고들 수 있는 실질적 방법이다.

진입 시기와 가격 전략 역시 중요한 요소다. 시장마다 적절한 진입 시점을 포착하는 것이 필요한데, 너무 앞서가면 수요가 무르익지 않아 실패할 수 있고, 너무 늦으면 경쟁에 뒤처질 수 있다. 따라서 현지 업계의 AI 수용 동향을 살피며 최적의 타이밍에 진입하는 전략적 안목이 요구된다. 아울러 가격 책정은 현지 경제 수준과 경쟁 상황을 충분히 고려해 유연하게 설정해야 한다. 초기 진입 단계에서는 무료 체험이나 특별 할인 등 프로모션을 제공해 고객이 부담 없이 제품을 써 보도록 유도하는 것이 효과적이다.

마지막으로, 진입 후 지속적인 현지화 지원 체계를 마련해야 한다. 진입에 성공했다 해도 시장과 고객은 시간이 지나며 변화하기 마련이므로, 현지 피드백과 시장 변동에 신속히 대응하며 제품과 서비스를 개선할 수 있는 체계를 갖추는 것이다. 현지 전담 팀을 두어 사용자 의견을 수렴하고, 정기적으로 업데이트를 배포하거나 추가

교육을 제공하는 식이다. 이는 곧 고객 만족도와 신뢰 향상으로 이어지고, 장기적인 시장 안정성과 성장의 밑거름이 된다.

문화적 특성을 반영한 협상 접근법

문화적 적응(cultural adaptation)은 글로벌 현지화 전략의 핵심 요소로, AI 협상 에이전트가 각 지역의 협상 관행과 문화적 기대에 부합하도록 접근 방식을 조정하는 것을 의미한다. 협상 자체가 문화와 깊이 연관된 활동이기 때문에, 지역별 협상 문화와 비즈니스 에티켓을 제대로 이해하고 반영하지 않으면 AI 시스템이 현지에서 받아들여지기 어렵다(Langer, 2023).

먼저 협상 스타일과 태도의 문화적 차이를 이해해야 한다. 서구권 국가에서는 대체로 논리적이고 데이터 기반의 직설적인 협상 스타일이 일반적이다. 반면 아시아나 중동 지역에서는 관계 중심적 태도와 암묵적 의사소통, 감정적 요소의 고려가 두드러지는 경향이 있다. 예를 들어 미국의 협상자는 제안 근거로 수치와 사실을 강조하는 반면, 일본의 협상자는 상대에 대한 예의를 중시하며, 직접적인 거절을 피할 수 있다. AI 협상 에이전트는 이러한 차이를 인지하고, 대상 문화에 맞는 어조와 표현을 사용하도록 조정되어야 한다. 데이터 선호 문화권에서는 통계적 근거를 강조하고 명확한 언어를 쓰도록 하고, 관계 중심 문화권에서는 완곡한 표현과 존중의 뉘앙스를 담은 전략을 추천하는 식이다. 예컨대 "이 가격은 받아들일 수 없습니다"라는 직설적 표현 대신 문화에 따라 "혹시 가격 조정 여력이 있으실까요?"와 같이 부드럽게 표현하는 것이다(Tubridy, 2024).

둘째, 의사소통 스타일의 차이에 대응해야 한다. 문화마다 선호하는 커뮤니케이션 방식이 달라서, AI가 생성하는 협상 메시지도 이에 맞게 최적화되어야 한다. 직설적이고 빠른 의사소통을 선호하는 문화권에서는 AI가 협상 메시지를 명쾌하고 간결하게 전달하도록 하고, 반대로 간접적이고 에둘러 말하는 것을 미덕으로 삼는 문화권에서는 너무 노골적인 표현을 피하도록 해야 한다. 예를 들어 영미권 협상에서는 "최종 가격은 $100입니다"라고 바로 말해도 괜찮지만, 동아시아권에서는 "가능하시다면 $100 정도로 협의할 수 있을지요"처럼 완곡한 표현이 더 적절할 수 있다. AI 협상 에이전트는 이러한 언어적 뉘앙스까지 학습해, 현지 사용자가 거부감을 느끼지 않는 커뮤니케이션 방식을 취해야 한다.

셋째, 시간 개념과 의사결정 속도의 문화적 차이도 고

려할 부분이다. 어떤 문화는 협상을 신속하고 효율적으로 마무리하는 것을 선호하고, 어떤 문화는 충분한 시간을 들여 관계를 돈독히 하며 진행하는 것을 선호한다. 예를 들어 독일이나 미국에서는 협상에서 시간을 지체하는 것을 비효율로 간주하지만, 인도나 중동 일부 지역에서는 협상에 앞서 친교 시간을 갖거나 여러 차례 만남을 거치는 것이 자연스러울 수 있다. 따라서 AI 에이전트는 제안 제시 간격, 응답 유도 속도 등을 현지 문화의 기대에 맞게 조절해야 한다.

마지막으로, AI 협상 에이전트는 현지의 규범과 비즈니스 예절을 철저히 준수해야 한다. 문화마다 금기시하는 행동이나 예의범절이 있기 마련인데, 이를 어기지 않도록 세심한 주의를 기울여야 한다. 예컨대 어떤 문화에서는 상대의 체면을 손상하는 직언을 꺼리고, 또 어떤 곳에서는 특정 숫자나 색상을 부정적으로 여길 수 있다. AI 시스템은 이러한 정보를 사전에 입력받아 현지 문화에 어긋나지 않는 협상 진행을 보장해야 한다. 실제 협상 예절을 어기면 아무리 좋은 제안도 받아들이기 어려워지므로, "문화적 실수"가 없도록 하는 것이 중요하다. 이를 위해 현지 문화 전문가의 조언을 받아 AI의 대화 패턴을 검수하거나, 사용자에게 문화 선택 옵션을 제공해 그에 맞게 알고리즘 모드를 변경하는 것도 한 방법이다.

현지 맞춤형 AI 시스템 구축

현지화(Localization) 전략의 핵심은 단순한 언어 번역이나 표면적 UI 변경을 넘어, 현지 시장의 다양한 환경적 특성과 비즈니스 요구를 깊숙이 반영한 AI 시스템을 구축하는 데 있다. 각 나라는 법률, 산업 구조 등이 다르므로, AI 협상 에이전트의 기능과 구조를 현지 상황에 맞게 섬세하게 조정해야 높은 성과를 낼 수 있다(Weldon, 2025).

첫째, AI 기능과 알고리즘의 현지화다. 이는 각 지역의 협상 방식과 비즈니스 관행을 AI의 알고리즘에 내재화해, 협상 시나리오 생성이나 전략 추천이 해당 지역의 맥락에 꼭 들어맞도록 하는 것을 의미한다. 예를 들어 일본 시장을 위한 AI 협상 에이전트라면 일본 기업 간 거래에서 중시되는 요소(장기 파트너십, 의례적 할인 등)를 학습시켜야 한다. 반면 미국 시장형 AI는 가격 경쟁과 속도에 집중하는 식으로 알고리즘을 튜닝할 수 있다. 이렇게 하면 AI 에이전트가 내놓는 협상 전략이나 분석 결과가 현지 사용자에게 현실적이고 유용하게 느껴질 것이다.

둘째, 현지 법적·규제 요건의 반영이다. 국가별로 계약과 협상에 적용되는 법률과 규제가 제각각이므로, AI 시스템이 이들을 철저히 준수하도록 만들어야 한다. 예컨대 유럽연합의 경우 「일반 데이터 보호 규정(GDPR)」이 엄격하므로, AI 협상 에이전트에 GDPR 준수 기능을 내장해야 한다. 이는 사용자 데이터의 저장 기간을 제한하거나 익명화를 기본 적용하는 것일 수 있다. 또 어떤 나라들은 가격담합 방지법이나 공정 거래 규제가 강력할 수 있으므로, AI가 협상 전략을 추천할 때 그 법적 한계를 넘지 않도록 해야 한다. 현지 법령에 정통한 법률 전문가와 협업해 시스템의 의사결정 룰을 점검하고, 필요한 경우 컴플라이언스 모듈을 추가하는 것이 바람직하다. 이를 통해 AI 에이전트를 사용하는 현지 기업이 법적 리스크 없이 안심하고 활용할 수 있게 된다.

셋째, 현지 사용자 친화적인 UI와 지원 체계 구축이다. 사용자 경험 장에서 다룬 원칙들을 각 지역 사용자들의 취향과 수준에 맞게 최적화해야 한다. 예를 들어 어떤 국가는 모바일 사용 비중이 높으니 모바일 UI를 우선적으로 개선하고, 또 다른 국가는 데스크톱 환경을 선호하니 거기에 맞게 인터페이스를 조율하는 식이다. 현지 언어를 완벽하게 지원하는 것은 기본이고, 문화적 참고 요소(예: 색상 의미, 아이콘 디자인 선호도 등)도 반영해야 한다.

넷째, 지속적인 현지 피드백 루프의 구축이다. 시장과 고객의 요구는 시간이 지남에 따라 변화하므로, 현지 사용자들로부터 꾸준히 의견을 듣고 빠르게 제품에 반영하는 민첩성이 필요하다. 이를 위해 현지 사용자 커뮤니티나 정기적인 사용자 간담회를 열어 피드백을 수집하고, 업데이트 로드맵에 이를 적극 포함한다. 예를 들어 "유럽 사용자의 60%가 대시보드 기능 추가를 원한다"는 피드백이 있으면 우선 개발 항목으로 선정하는 식이다. 또한 현지에서 예기치 않은 협상 패턴이나 특수 상황이 발견되면 해당 케이스를 신속히 학습시켜 알고리즘을 보완해야 한다.

글로벌 협력 파트너십 전략

해외 시장에서 성공하기 위해서는 현지 파트너와의 전략적 제휴를 통해 협력 파트너십을 구축하는 것이 중요하다. AI 협상 에이전트의 현지화 과정에서 믿을 만한 현지 파트너를 찾고 함께 성장하는 전략은 시장 진입의 속도를 높이고 안정성을 강화한다. 효과적인 파트너십은 해당 시장에 정통한 기업이나 기관과 협력해, 우리 AI 시스템이 현지 네트워크에 자연스럽게 녹아들게 하는 것이다.

첫 번째로, 기술 및 운영 파트너십을 고려할 수 있다. 현지에서 IT 인프라나 서비스 운영 경험이 풍부한 기업, 예를 들어 클라우드 제공 업체나 소프트웨어 유통업체와 손잡는 것이다. 이러한 파트너는 AI 협상 에이전트의 시스템 현지화 과정에서 기술적인 지원을 제공하고, 현지 사용자들의 요구에 빠르게 대응할 수 있는 운영 역량을 보완해 준다. 예컨대 현지 파트너가 자기 데이터 센터를 통해 AI 서비스를 호스팅하면, 속도나 안정성 면에서 현지 사용자가 더 나은 경험을 하게 된다. 또한 이들은 해당 국가의 규제 환경과 표준을 잘 이해하고 있어, AI 시스템의 현지 적용 시 잠재 리스크를 미리 점검하고 최소화하는 데 도움을 준다. 이런 기술적 파트너십은 우리 AI 시스템이 현지에서 원활하게 작동하고 문제없이 운영되도록 하는 든든한 버팀목이 된다.

두 번째로, 사업적 시너지 파트너십을 구축한다. 현지 시장에서 이미 신뢰와 명성을 갖춘 유력 기업이나 산업 단체와 제휴하면 시장 신뢰도를 빠르게 확보할 수 있다. 예를 들어 해당 국가의 대형 솔루션 기업과 공동 브랜드로 제품을 출시하거나, 그 기업의 판매망을 통해 AI 협상 에이전트를 공급하는 것이다. 현지 기업의 추천은 곧 현지 고객들의 심리적 장벽을 낮추는 효과가 있다. 또한 산업별 협회나 무역 기구와 협력하면 우리 AI 에이전트를 표준 업무 도구로 채택하도록 영향력을 행사할 수도 있다. 이런 파트너십은 특히 특정 산업 분야에 특화된 맞춤형 협상 서비스 개발에도 큰 도움이 된다. 파트너의 도메인 지식을 활용해 해당 산업에 꼭 맞는 기능을 추가하면, 경쟁 제품과 차별화된 가치를 제공할 수 있다.

이처럼 다각적인 파트너십 전략을 펼치면 AI 협상 에이전트는 글로벌 시장에서 안정적인 생태계를 구축할 수 있다. 현지 파트너와의 협력은 단순한 제품 판매를 넘어서 현지 비즈니스 커뮤니티의 일원으로 스며드는 것을 의미한다. 이러한 협력적 현지화 접근은 모든 이해관계자의 이익을 균형 있게 증진하며, AI 협상 에이전트의 세계적 성공을 견인하는 핵심 전략이라 할 수 있다.

참고문헌

Ghemawat, P.(2001.9). Distance still matters: The hard reality of global expansion. *Harvard business review,* https://hbr.org/2001/09/distance-still-matters-the-hard-reality-of-global-expansion

Khanna, T. & Palepu, K.(2010.7). Winning in emerging markets:

A roadmap for strategy and execution. *NHRD Network Journal,* 3(3), https://www.researchgate.net/publication/265068906_Winning_in_Emerging_Markets_A_Road_Map_for_Strategy_and_Execution

Langer, B.(2023.12.19). Localization strategy: Your guide to engaging a global audience. VeraContent, *The Global Marketer,* https://veracontent.com/mix/localization-strategy/

Tubridy, C.(2024.10.11). The localization challenge: How to thrive in the global marketplace. *Vistatec,* https://vistatec.com/the-localization-challenge-how-to-thrive-in-the-global-marketplace/

Weldon, Ross(2025.1.2). The best localization examples (+15 micro-lessons). *Lokalise,* https://lokalise.com/blog/localization-examples/

윤경모

KT커머스 대표이사이자 한국광융합산업진흥회 제9대 회장으로 활동하며 대한민국 정보통신 산업의 디지털 혁신과 산업 간 융합 생태계 조성에 기여하고 있는 경영인이다. 강원대학교에서 전자공학을 전공하고 석사 학위를 취득했다. KT에서 경영기획부문 SCM 전략담당 상무 등 다양한 핵심 직책을 수행하며 유통 전략, 공급망 혁신, 디지털 업무 체계 구축 등 다수의 성과를 이뤄 냈다. ICT 이노베이션(Innovation) 대상을 수상해 대통령 표창을 받았고, 정보통신기술사 자격을 취득하는 등 기술 전문가로서의 전문성도 널리 인정받고 있다. 특히 KT커머스를 이끌며 중소·벤처기업과의 협력을 강화하고, AI와 데이터 기반의 상거래 플랫폼을 통한 유통 혁신을 지속적으로 추진하고 있다. 동시에 한국광융합산업진흥회 회장으로서 광융합기술과 산업 간 융복합 생태계를 확장하고 있으며, 산업계 전반에 걸쳐 긍정적인 영향력을 발휘하고 있다. 지금까지의 풍부한 현장 경험과 전략적 리더십을 바탕으로, 축적된 구매 및 협상 노하우를 집대성해 AI 협상 에이전트를 개발하는 데 모든 역량을 집중하고 있다.